KB194086

헬라어 주기도문

헬라어
주기도문

이호찬 지음

다산글방

ἡ Κυριακὴ Προσευχή

Πάτερ ἡμῶν ὁ ἐν τοῖς οὐρανοῖς,

ἁγιασθήτω τὸ ὄνομά σου·

ἐλθέτω ἡ βασιλεία σου·

γενηθήτω τὸ θέλημά σου,

ὡς ἐν οὐρανῷ καὶ ἐπὶ γῆς·

τὸν ἄρτον ἡμῶν τὸν ἐπιούσιον δὸς ἡμῖν σήμερον·

καὶ ἄφες ἡμῖν τὰ ὀφειλήματα ἡμῶν,

ὡς καὶ ἡμεῖς ἀφήκαμεν τοῖς ὀφειλέταις ἡμῶν·

καὶ μὴ εἰσενέγκῃς ἡμᾶς εἰς πειρασμόν,

ἀλλὰ ῥῦσαι ἡμᾶς ἀπὸ τοῦ πονηροῦ.

ὅτι σοῦ ἐστιν ἡ βασιλεία καὶ ἡ δύναμις καὶ ἡ δόξα

εἰς τοὺς αἰῶνας· ἀμήν·

The Lord's Prayer

Our Father in heaven,

hallowed be your name,

your kingdom come,

your will be done,

on earth as it is in heaven.

Give us today our daily bread.

And forgive us our debts,

as we also have forgiven our debtors.

And lead us not into temptation,

but deliver us from the evil one.

For Thine is the kingdom, and the power,

and the glory, forever. Amen.

주기도문

[개역개정]

하늘에 계신 우리 아버지여

이름이 거룩히 여김을 받으시오며

나라가 임하시오며

뜻이 하늘에서 이루어진 것 같이

땅에서도 이루어지이다

오늘 우리에게 일용할 양식을 주시옵고

우리가 우리에게 죄 지은 자를 사하여 준 것같이

우리 죄를 사하여 주시옵고

우리를 시험에 들게 하지 마시옵고

다만 악에서 구하시옵소서

나라와 권세와 영광이 아버지께 영원히 있사옵나이다 아멘

주기도문
[새번역]

하늘에 계신 우리 아버지

아버지의 이름을 거룩하게 하시며

아버지의 나라가 오게 하시며

아버지의 뜻이 하늘에서와 같이

땅에서도 이루어지게 하소서

오늘 우리에게 일용할 양식을 주시고

우리가 우리에게 잘못한 사람을 용서하여 준 것같이

우리 죄를 용서하여 주시고

우리를 시험에 빠지지 않게 하시고,

악에서 구하소서

나라와 권능과 영광이 영원히 아버지의 것입니다 아멘

헬라어 주기도문 : 헬라어, 개역개정, 새번역

파테르 헤몬 호 엔 토이스 우라노이스   [발음]

Πάτερ ἡμῶν ὁ ἐν τοῖς οὐρανοῖς   [헬라어]

하늘에 계신 우리 아버지여   [개역개정]

하늘에 계신 우리 아버지   [새번역]

하기아스테토 토 오노마 수

ἁγιασθήτω τὸ ὄνομά σου

이름이 거룩히 여김을 받으시오며

아버지의 이름을 거룩하게 하시며

엘세토 헤 바실레이아 수

ἐλθέτω ἡ βασιλεία σου

나라가 임하시오며

아버지의 나라가 오게 하시며

게네세토 토 텔레마 수, 호스 엔 우라노 카이 에피 게스

γενηθήτω τὸ θέλημά σου, ὡς ἐν οὐρανῷ καὶ ἐπὶ γῆς

뜻이 하늘에서 이루어진 것 같이 땅에서도 이루어지이다

아버지의 뜻이 하늘에서와 같이 땅에서도 이루어지게 하소서

톤 아르톤 헤몬 톤 에피우시온 도스 헤민 세메론

τὸν ἄρτον ἡμῶν τὸν ἐπιούσιον δὸς ἡμῖν σήμερον

오늘 우리에게 일용할 양식을 주시옵고

오늘 우리에게 일용할 양식을 주시고

카이 아페스 헤민 타 오페일레마타 헤몬, 호스 카이 헤메이스 아페카멘 토이스 오페일레타이스 헤몬

καὶ ἄφες ἡμῖν τὰ ὀφειλήματα ἡμῶν, ὡς καὶ ἡμεῖς ἀφήκαμεν τοῖς ὀφειλέταις ἡμῶν

우리가 우리에게 죄 지은 자를 사하여 준 것같이 우리 죄를 사하여 주시옵고

우리가 우리에게 잘못한 사람을 용서하여 준 것같이 우리 죄를 용서하여 주시고

카이 메 에이세넹케이스 헤마스 에이스 페이라스몬, 알라 류사이 헤마스 아포 투 포네루

καὶ μὴ εἰσενέγκῃς ἡμᾶς εἰς πειρασμόν, ἀλλὰ ῥῦσαι ἡμᾶς ἀπὸ τοῦ πονηροῦ

우리를 시험에 들게 하지 마시옵고 다만 악에서 구하시옵소서

우리를 시험에 빠지지 않게 하시고, 악에서 구하소서

호티 수 에스틴 헤 바실레이아 카이헤 듀나미스 카이 헤 독사 에이스투스 아이오나스, 아멘

ὅτι σοῦ ἐστιν ἡ βασιλεία καὶ ἡ δύναμις καὶ ἡ δόξα εἰς τοὺς αἰῶνας· ἀμήν

나라와 권세와 영광이 아버지께 영원히 있사옵나이다 아멘

나라와 권능과 영광이 영원히 아버지의 것입니다 아멘

차례

소개말

예수님께서 제자들에게 주기도문을 가르쳐주신 이유는 기도의 본질을 깨우쳐 주시고자 함이었습니다. 주기도문은 당시 유행했던 기도의 틀과 달랐습니다. 그 대표적인 기도가 카디쉬(Kaddish)입니다. 카디쉬는 유대교의 오래된 기도로 기원은 탈무드 시대(약 기원전 200년~기원후 500년)까지 거슬러 올라갑니다. 카디쉬에는 여러 형태가 존재했습니다. 예를 들어, '모우르너스 카디쉬(Mourner's Kaddish, 장례식이나 애도 기간에 사용된 기도)', '라바난 카디쉬(Rabbanan Kaddish, 학문과 관련된 모임에서 낭송된 기도)', '카디쉬 샬렘(Kaddish Shalem)', 또는 '풀 카디쉬(Full Kaddish)'가 있었습니다. 여기서 소개하고자 하는 카디쉬는 '카디쉬 샬렘'입니다. 다음은 카디쉬 샬렘을 번역한 내용입니다.

하나님의 위대하신 이름이 이 세상에서
하나님 당신의 뜻대로 창조하신 세상에서
높여지고 거룩하게 되기를
하나님의 나라가 당신의 생애와 당신의 날 동안
그리고 모든 이스라엘 집의 생애 동안 확립되기를
곧 빨리 오기를
아멘이라고 말하십시오

하나님의 위대하신 이름이 영원히 송축받기를
축복과 찬양, 영광과 존귀, 찬양과 명예, 숭배와 찬양을 받으시는
거룩하신 하나님의 이름이 세상에서 울려 퍼지는
모든 축복, 찬양, 찬미, 위로를 초월하여 높여지고 찬양받으시기를
아멘이라고 말하십시오

하늘에서 넘치는 평화와 생명이 우리와 모든 이스라엘에게 있기를
아멘이라고 말하십시오

카디쉬와 주기도문을 놓고 보면, 유사한 점이 보입니다. 두 기도문 모두 하나님의 이름을 높이고 찬양하는 것으로 시작합니다. 카디쉬는 "하나님의 위대하신 이름이 이 세상에서 … 높여지고 거룩하게 되기를"이라는 문구로 시작하며, 주기도문은 "하늘에 계신 우리 아버지여 이름이 거룩히 여김을 받으시오며"로 시작합니다. 또한, 두 기도문은 하나님 나라의 도래를 기원합니다. 카디쉬는 "하나님의 나라가 … 확립되기를"이라고 기도하며, 주기도문은 "아버지의 나라가 임하시오며"라고 기도합니다.

다른 점도 보입니다. 주기도문은 하나님의 이름, 하나님의 나라, 하나님의 뜻, 일용할 양식, 죄의 용서, 유혹과 악으로부터의 구원 등 구체적인 청원으로 구성되어 있습니다. 반면, 카디쉬는 주로 하나님의 이름을 찬양하고 하나님의 나라가 도래하기를 기원하는 찬양의 형태로 구성되어 있습니다.

카디쉬와 달리 주기도문이 뛰어난 점은 하나님의 이름과 나라와 뜻을 구하면서도 또한 개인의 일상적 필요와 관계된 구체적인 요청까지를 포함하고 있다는 사실입니다. 예수님은 이 땅에 오신 하나님이시자, 우리의 필요를 이 땅에서 직접 경험하신 분입니다. 그리고 그 필요를 따라 하나님의 돌보심이 우리에게 임하시도록 다리를 놓아주셨습니다. 그 다리가 곧 주기도문입니다.

카디쉬를 고려할 때, 주기도문은 그 기원이 유대교의 기도에서 비롯되었다고도 볼 수 있습니다. 이처럼 카디쉬와 주기도문을 비교하면서 우리는 하나의 지식을 더 얻게 되었습니다. 주기도문에는 카디쉬에는 없는, 우리의 필요를 친히 아버지께 요청하신 '예수 그리스도의 사랑'이 있다는 점입니다.

주기도문을 헬라어 원어로 소개하고 싶은 지점이 바로 이 지점입니다. 주기도문 안에는 '예수 님의 사랑'이 곳곳에 배어 있습니다. 번역된 말로는 잡아낼 수 없는 예수님의 사랑을 「헬라어 주기도문」 원문을 통해서 독자들에게 전하고픈 마음으로 이 책을 썼습니다. 그리고 헬라어를 통해 예수님께서 본래 가르쳐 주시고자 했던 그 기도가 어떤 기도였는지를 더 깊이 이해하고 깨닫기를 바라는 마음으로 이 책을 썼습니다.

1장

주기도문,
헬라어로 배우기

"주기도문은 유대교의 심장에서 기독교의 입술로 나오는 기도입니다."

"The Lord's Prayer comes from the heart of Judaism to the lips of Christianity."

- 존 도미니크 크로산(John Dominic Crossan) -

주 : 존 도미니크 크로산은 성경학자이자 신약성서 연구의 권위자입니다. 크로산은 역사적 예수와
초기 기독교에 대한 연구로 널리 알려져 있습니다. 크로산은 주기도문이 유대교적 전통에 깊
이 뿌리내리고 있으며, 예수님의 가르침을 통해 기독교의 중심 기도가 되었다고 주장합니다.

1. 주기도문, 헬라어로 배우기

헬라어로 주기도문을 배우는 것은 고대 그리스의 언어를 배울 좋은 기회이며, 예수님에 대해 더 알아가는 대단히 흥미로운 일이 될 것입니다. 헬라어는 고대 그리스에서 사용된 언어입니다. 다른 언어가 그랬던 것처럼, 헬라어 또한 여러 역사적 시기를 거치면서 다양하게 변천했습니다. 다음은 헬라어의 시대와 문맥에 따른 구분입니다.

- **고대 헬라어**(Ancient Greek) : 고대 헬라어는 기원전 9세기부터 기원후 6세기까지(고대 헬라어의 종료 시점을 기원후 4세기로 보는 경우도 있습니다.) 사용된 헬라어를 말합니다. 이 시기의 헬라어는 크게 세 가지로 나뉩니다.

  ① 아르카익 헬라어(Archaic Greek) : 기원전 9세기에서 기원전 6세기까지 사용된 초기 헬라어입니다. 호메로스의 서사시 '일리아드와 오디세이'가 이 시기의 대표적인 작품입니다.

  ② 고전 헬라어(Classical Greek) : 기원전 5세기에서 기원전 4세기까지 사용되었습니다. 이 시기의 대표적인 인물에는 소크라테스, 플라

톤, 아리스토텔레스, 소포클레스 등이 있습니다. 특히 아테네에서 많이 사용되었으며 민주주의와 철학의 발전에 크게 기여한 시기입니다.

③ 헬레니즘 헬라어(Hellenistic Greek) : 알렉산더 대왕의 정복 이후인 기원전 4세기부터 기원후 6세기까지 사용된 헬라어입니다. 이 시기의 헬라어를 '코이네 헬라어(Koine Greek)'라고 부르며, 알렉산더 대왕의 정복지에서 공용어로 사용되었습니다. 신약성경은 코이네 헬라어로 쓰였으며, 주기도문 역시 코이네 헬라어로 쓰였습니다.

● **중세 헬라어(Medieval Greek)** : 중세 헬라어는 비잔티움 제국(동로마 제국) 시기에 사용된 헬라어로, 대략 기원후 6세기부터 기원후 15세기까지 사용되었습니다. 이 시기의 헬라어는 고대 헬라어와 현대 그리스어 사이의 과도기적인 형태로 비잔티움 문학과 신학에서 중요한 역할을 했습니다.

● **현대 그리스어(Modern Greek)** : 현대 그리스어는 중세 헬라어 이후에 발전된 형태를 말합니다. 오늘날 그리스와 키프로스에서 사용되고 있습니다. 19세기 이후 그리스의 독립과 함께 현대 그리스어가 표준화되었으며, 오늘날 그리스의 공식 언어가 되었습니다.

2. 주기도문과 코이네 헬라어

코이네 헬라어는 "공통의 그리스어"라는 뜻으로 알렉산더 대왕의 정복지에서 널리 사용된 공용어였습니다. 이 시기의 헬라어는 그 이전의 고전 헬라어보다 단순화된 형태였습니다. 대왕의 제국 내에서 다양한 민족 간에 의사소통이 쉽도록 발전되었던 것입니다. 신약성경은 이러한 이유로 코이네 헬라어로 쓰였으며, 그 결과 일반 대중들은 성경에 쉽게 접근할 수 있었습니다.

알렉산더 대왕은 기원전 4세기에 그리스에서부터 페르시아 제국, 이집트, 인도에 이르는 광대한 지역을 정복하였습니다. 대왕의 정복으로 인해 그리스 문화와 언어가 널리 퍼지게 되었는데, 이때 코이네 헬라어가 두루 사용되었습니다. 그뿐만 아니라 로마 제국이 지배하던 시기에도 코이네 헬라어는 여전히 널리 사용되었습니다. 특히 동부 지역에서 공용어로 사용되었습니다. 이러한 역사적 배경은 신약성경이 코이네 헬라어로 쓰일 수 있었던 중요한 이유 중 하나가 되었습니다.

3. 신약성경의 주기도문

주기도문은 마태복음 6장 9~13절과 누가복음 11장 2~4절에 기록되어 있습니다. 이 두 복음서는 모두 '코이네 헬라어'로 쓰였습니다.

마태복음과 누가복음에 나타난 주기도문은 다르게 기록되어 있습니다. 학자들에 따르면, 마태복음은 유대인 독자를 대상으로 쓰였기 때문에 더 길고 완전한 형태로 기록되었고, 누가복음은 이방인 독자들에게 맞추어 기록되었기 때문에 더 짧고 간결한 형태로 기록되었다고 설명합니다. 즉, 신학적 목적이 달랐기 때문에 이런 차이가 생겼다고 설명합니다.

마태복음의 신학적 목적은 예수님이 유대교의 메시아이며, 구약의 예언이 예수님을 통해 성취되었음을 보여주는 데 중점을 둔 것이라고 봅니다. 따라서 마태복음의 기도는 완전한 기도의 형식을 보여주며, 구약의 전통과 연속성을 보여줍니다.

이와 달리 누가복음의 신학적 목적은 예수님의 보편적인 구원 메시지에 있습니다. 예수님의 구원은 모든 인류를 위한 복음이며, 따라서 마태복음보다 간결하고 실용적인 형태로 나타납니다. 즉, 이방인 독자들은 유대교의 전통과 배경에 익숙하지 않았기 때문에, 이방인들에게는 더 실질적이고 적용 가능한 기도 형태가 필요했습니다.

마태복음에 나타난 주기도문은 산상수훈의 일부로 예수님이 군중에게 가르치신 기도입니다. 이때 예수님은 올바른 기도의 방법을 설명하시면서 주기도문을 소개했습니다. 누가복음에 나타난 주기도문은 제자 중 한 명이 예수님께 기도하는 방법을 가르쳐 달라고 요청한 후 나온 내용입니다.

두 복음서에 나타난 주기도문의 차이점은 아래와 같습니다.

- **서두**
  - ▷ 마태복음 : "하늘에 계신 우리 아버지여"
  - ▷ 누가복음 : "아버지여"

- **본문**
  - ▷ 마태복음 : "나라가 임하시오며, 뜻이 하늘에서 이루어진 것 같이 땅에서도 이루어지이다"
  - ▷ 누가복음 : 이 구절 생략

  - ▷ 마태복음 : "우리가 우리에게 죄지은 자를 사하여 준 것같이 우리 죄를 사하여 주시옵고"

▷ 누가복음 : "우리가 우리에게 빚진 모든 사람을 용서하오니 우리 죄
도 사하여 주시옵고"

● **마무리**

▷ 마태복음 : 일부 사본에서 "나라와 권세와 영광이 영원히 아버지
의 것입니다. 아멘"으로 끝남

▷ 누가복음 : 이 부분 없음

4. 헬라어 알파벳

헬라어 알파벳은 24자로 구성되어 있습니다. 각 글자의 이름과 발음, 영어에 해당하는 소리는 다음과 같습니다.

글자	이름	발음	영어 대응	설명
Α α	알파	a	a	'아' 소리, 영어의 'a'와 유사
Β β	베타	b	b	'브' 소리, 영어의 'b'와 유사
Γ γ	감마	g	g	'그' 소리, 영어의 'g'와 유사
Δ δ	델타	d	d	'드' 소리, 영어의 'd'와 유사
Ε ε	엡실론	e	e	'에' 소리, 영어의 'e'와 유사
Ζ ζ	제타	z	z	'즈' 소리, 영어의 'z'와 유사
Η η	에타	ē	e (long)	'에이' 소리, 영어의 'a'처럼 길게 발음
Θ θ	세타	th	th (theta)	'쓰' 소리, 영어의 'th'와 유사
Ι ι	이오타	i	i	'이' 소리, 영어의 'i'와 유사
Κ κ	카파	k	k	'크' 소리, 영어의 'k'와 유사
Λ λ	람다	l	l	'르' 소리, 영어의 'l'와 유사
Μ μ	뮤	m	m	'므' 소리, 영어의 'm'와 유사
Ν ν	뉘	n	n	'느' 소리, 영어의 'n'와 유사

글자	이름	발음	영어 대응	설명
Ξ ξ	크시	x	x (ks)	'크스' 소리, 영어의 'x'와 유사
Ο ο	오미크론	o	o	'오' 소리, 영어의 'o'와 유사
Π π	파이	p	p	'프' 소리, 영어의 'p'와 유사
Ρ ρ	로	r	r	'르' 소리, 영어의 'r'와 유사
Σ σ/ς	시그마	s	s	'스' 소리, 영어의 's'와 유사 (단어의 끝에서는 ς로 씀)
Τ τ	타우	t	t	'트' 소리, 영어의 't'와 유사
Υ υ	윕실론	y (u)	u	'우' 소리, 영어의 'u'와 유사
Φ φ	피	ph	ph	'프' 소리, 영어의 'ph'와 유사
Χ χ	키	kh	ch (hard)	'크' 소리, 독일어의 'ach'처럼 발음
Ψ ψ	프시	ps	ps	'프스' 소리, 영어의 'ps'와 유사
Ω ω	오메가	ō	o (long)	'오우' 소리, 영어의 'o'처럼 길게 발음

5. 헬라어의 악센트와 기호

헬라어에서는 단어 위에 다양한 악센트와 기호들이 붙어 단어의 발음과 의미를 구분합니다. 이 기호에는 악센트(강세/억양), 숨표, 아포스트로피(생략 부호) 등이 있습니다. 이 기호들의 명칭과 사용법, 그리고 발음 방법에 대해 자세히 살펴보겠습니다.

1) 악센트(Accents, 강세/억양)
헬라어에는 세 가지 주요 악센트가 있습니다.

- **Acute**(ὀξεῖα, oxeía, 옥세이아) : ´
  ▷ 사용 : 음절의 음높이가 상승하여 발음됩니다.
  ▷ 예시 : καλός (kalós, 칼로스) - "좋은"

- **Grave**(βαρεῖα, varéia, 바레이아) : `
  ▷ 사용 : 단어 끝의 음절에 사용됩니다. 문장의 끝에 오지 않은 경우에도 쓰입니다.
  ▷ 예시 : καλὸς(kalòs, 칼로스) - "좋은"(다른 단어와 연속될 때)

● **Circumflex** (περισπωμένη, perispōménē, 페리스포메네) : ~ 또는 ^

▷ 사용 : 음절의 음높이가 상승했다가 하강합니다.

▷ 예시 : γῆ(gē, 게) – "땅"

2) 숨표(Breathing Marks, 쉼표 또는 호흡기호)

숨표는 단어의 처음에 오는 모음이나 이중모음 위에 붙습니다.

● **Smooth breathing**(ψιλόν, psilón, 프실론) : '

▷ 사용 : 이 숨표는 발음에 영향을 미치지 않으며, 단어의 시작 부분에 표시합니다.

▷ 예시 : ἀνδρός(andrós, 안드로스) – "남자의"

● **Rough breathing**(δασὺ πνεῦμα, dasù pneûma, 다수 푸네마) : ʻ

▷ 사용 : 단어를 'h' 소리로 시작하게 합니다.

▷ 예시 : ἡμέρα(hēméra, 헤메라) – "날"

3) 아포스트로피(Apostrophe, 생략부호)

모음이 겹치는 것을 피하기 위해 단어의 한 음절을 생략하고 생략된 부분을 나타내는 기호입니다.

● **Apostrophe**(ἀποστρόφος, apostróphos, 아포스트로포스): ʻ

▷ 사용 : 모음이 생략되었음을 나타냅니다.

▷ 예시 : ἀπ' ἐμοῦ(ap' emoû, 압 에무) – "나로부터"

6. 발음과 사용법

악센트 기호는 헬레니즘 시대에 문자를 읽기 쉽도록, 그리고 고전 헬라어와의 발음 차이를 뚜렷하게 보이도록 도입된 기호입니다. 악센트는 단어 위에 표시된 작은 기호로, 그 단어에서 소리를 더 강하게 내야 할 부분을 알려줍니다. 예를 들어, "νόμος(노모스)"를 앞 모음을 강하게 하여 발음하면 "법"이라는 뜻이 되는데, 악센트를 뒤 모음에 주어 "νομός"(노모스, nomós)라고 발음하면 "지역"이라는 뜻이 됩니다. 이렇듯 악센트 위치에 따라 완전히 다른 의미가 되기도 합니다.

숨표는 단어의 처음에 오는 모음에 붙어 발음을 변형시킵니다(Rough breathing의 경우). 예를 들어, ὁ(ho, 호)와 ὀ(o, 오)는 각각 "the"와 "a"를 의미하지만, 숨표에 따라 발음이 달라집니다. 참고로 현대 그리스어에서는 단일 악센트(acute)만 사용되며, 숨표는 사용되지 않습니다.

아포스트로피는 두 단어를 결합할 때 사용하며, 결합하는 과정에서 생략된 음절로 인해 발음이 간결해집니다. 예를 들어, κατ' οἶκον(카트 오이콘, kat' oîkon)은 "집에"라는 의미로, "κατά οἶκον"(카타 오이콘, katá oîkon)의 축약형입니다.

[헬라어 발음 기호 표]

기호	명칭	발음 설명	예시
´	Acute	음높이가 상승	φίλος(phílos, 필로스, 친구)
`	Grave	문장의 끝이 아닐 때 음높이 유지	καλὸς(kalòs, 칼로스, 좋은)
~	Circumflex	음높이가 상승 후 하강	γῆ(gē, 게, 땅)
’	Smooth breathing	발음에 영향 없음	ἀνδρός(andrós, 안드로스, 남자의)
‘	Rough breathing	"h" 소리 발음	ἡμέρα(hēméra, 헤메라, 날)
’	Apostrophe	생략된 음절을 표시	ἀπ’ ἐμοῦ(ap’ emoû, 압 에무, 나로부터)

7. 주기도문, 헬라어 원문

Πάτερ ἡμῶν ὁ ἐν τοῖς οὐρανοῖς,

ἁγιασθήτω τὸ ὄνομά σου·

ἐλθέτω ἡ βασιλεία σου·

γενηθήτω τὸ θέλημά σου,

ὡς ἐν οὐρανῷ, καὶ ἐπὶ γῆς·

τὸν ἄρτον ἡμῶν τὸν ἐπιούσιον δὸς ἡμῖν σήμερον·

καὶ ἄφες ἡμῖν τὰ ὀφειλήματα ἡμῶν,

ὡς καὶ ἡμεῖς ἀφήκαμεν τοῖς ὀφειλέταις ἡμῶν·

καὶ μὴ εἰσενέγκης ἡμᾶς εἰς πειρασμόν,

ἀλλὰ ῥῦσαι ἡμᾶς ἀπὸ τοῦ πονηροῦ.

ὅτι σοῦ ἐστιν ἡ βασιλεία καὶ ἡ δύναμις καὶ ἡ δόξα

εἰς τοὺς αἰῶνας. ἀμήν.

8. 주기도문 : 헬라어의 발음과 의미

1) Πάτερ ἡμῶν ὁ ἐν τοῖς οὐρανοῖς
하늘에 계신 우리 아버지

● 헬라어 :	Πάτερ	ἡμῶν	ὁ	ἐν	τοῖς	οὐρανοῖς
● 발음 :	Pater	hēmōn	ho	en	tois	ouranois
	파테르	헤몬	호	엔	토이스	우라노이스
● 뜻 :	Father	our	the	in	the	heavens
	아버지	우리(의)	그	~안에	그	하늘들
● 해석 :	하늘에 계신 우리 아버지					

① **Πάτερ**(Pater, 파테르)

 ▶ 뜻 : 아버지(Father)

 ▶ 문법 : 명사, 단수, 남성, 호격(Vocative)

   ○ 호격이란 명사 등이 부름의 자리에 놓이게 하는 격을 말합니다.

   ○ "아버지"를 의미하며, 호격으로 사용되어 직접적으로 부르는
     형태입니다.

▶ 예문 : Πάτερ μου(파테르 무, Pater mou) - 나의 아버지여!

  ○ μου(무, my, 나의)는 소유 대명사로, "나의"를 의미하며, '파테르'
    와 결합하여 "나의 아버지"라는 뜻이 됩니다.

  ○ Πάτερ(파테르, Father, 아버지)는 호격 형태로, 사람을 부를 때 사
    용되며, 여기서는 "아버지여!"라는 뜻입니다.

  ○ Πάτερ(파테르, Father, 아버지), μου(무, my, 나의)

② ἡμῶν(hēmōn, 헤몬)

  ▶ 뜻 : 우리(의)(our)

  ▶ 문법 : 소유 대명사, 복수, 속격(Genitive)

    ○ 속격은 소유를 나타내며, 주어가 어떤 대상에 속해 있다는 것
      을 나타냅니다.

    ○ "우리의"라는 뜻으로, 속격 형태로 "아버지"를 수식합니다.

  ▶ 예문 : ἡμῶν ἡ χώρα(헤몬 헤 코라, hēmōn hē chōra) - 우리의 그 나라

    ○ ἡμῶν(헤몬, our, 우리의), ἡ(헤, the, 그), χώρα(코라, country/land, 나라/땅)

③ ὁ(ho, 호)

  ▶ 뜻 :(the) 정관사

  ▶ 문법 : 정관사, 단수, 남성, 주격(Nominative)

    ○ 주격 정관사는 문장 안에서 체언이 주어임을 나타내며, 명사
      구의 중심어로서의 역할을 합니다.

    ○ 정관사는 명사의 성, 수, 격을 나타내며, 주격에서는 보통 주어

역할을 하는 명사를 가리킵니다.

○ "그"를 의미하는 정관사로, 주격 형태로 "아버지"를 특정하여 가리킵니다.

▶ 예문 : "ὁ ἀνήρ(호 아네르, ho anēr)" - 그 남자

○ ὁ(호, the, 그), ἀνήρ(아네르, man/husband, 남자)

④ ἐν(en, 엔)

▶ 뜻 : ~에, ~안에(in)

▶ 문법 : 전치사, "안에"를 의미합니다.

○ 전치사는 명사와 결합하여 장소나 시간 등을 나타냅니다.

▶ 예문 : ἐν τῇ πόλει(엔 테이 폴레이, en tēi polei) - 그 도시 안에

○ ἐν(엔, in, 안에), τῇ(테이, the, 그) πόλει(폴레이, city, 도시)

⑤ τοῖς(tois, 토이스)

▶ 뜻 :(the) 정관사

▶ 문법 : 정관사, 복수, 남성, 여격(Dative)

○ 여격은 대상이나 장소를 나타내며, 또한 "간접목적어"의 역할도 합니다. 주로 '~에게', '~을 위하여', '~로 인해' 등의 의미로 쓰입니다.

○ "그"를 의미하는 정관사로, 여격 형태로 "하늘들"을 수식합니다.

▶ 예문 : τοῖς φίλοις(토이스 필로이스, tois philois) - 그 친구들에게

○ τοῖς(토이스, the, 그), φίλοις(필로이스, friends, 친구들)

⑥ **οὐρανοῖς**(ouranois, 우라노이스)

▶ 뜻 : 하늘들(heavens)

▶ 문법 : 명사, 복수, 남성, 여격(Dative)

    ○ 여격은 장소를 나타내며 여기서는 "하늘들"이라는 뜻의 장소를 나타냅니다.

    ○ 전치사와 함께 "하늘들 안에"라는 의미가 됩니다.

▶ 예문 : ἐν τοῖς οὐρανοῖς(엔 토이스 우라노이스, en tois ouranois) - 그 하늘들 안에

    ○ ἐν(엔, in, 안에), τοῖς(토이스, the, 그), οὐρανοῖς(우라노이스, heavens, 하늘들)

⑦ 직역 : 우리의 그 아버지, 그 하늘들 안에

    의역 : 하늘에 **계신*** 우리 아버지

||||||||||||||||||||||||||||||||||||||||||||||||||||||||||||||||||||||||||||||||||||||||||||||||||||||||||||||||||||

※ **헬라어 문법 지식 넓히기** : * "계신"의 해석

질문 : Πάτερ ἡμῶν ὁ ἐν τοῖς οὐρανοῖς(파테르 헤몬 호 엔 토이스 우라노이스) 이 구절에서는 "있다", "존재하다", "계시다"라는 뜻의 동사가 보이지 않습니다. 그런데도 이 문장을 왜 "하늘에 '계신' 아버지"라고 해석하나요?

답변 : 세 가지 이유를 들 수 있습니다. 첫째, 고대 그리스어에서는 종종 주어와 보어가 명확한 문장에서 동사가 생략되는 경우가 있습니

다. 특히 "존재하다"는 의미의 동사 ἐστί(ν) 에스티(틴)'는 상황에 따라 문맥상 쉽게 추론할 수 있을 때 생략합니다. 이 문장이 바로 그러한 예입니다. 둘째, ἐν(엔, "안에")은 τοῖς οὐρανοῖς(토이스 우라노이스, 하늘들 안에)와 함께 위치를 나타내는 표현이기 때문에, "하늘들 안에 있는"으로 해석됩니다. 주어인 "우리의 아버지"와 연결되어 하늘들 안에 계신 우리의 아버지로 자연스럽게 해석됩니다. 셋째, 이 문장은 주기도문의 첫 구절로서, 신에 대한 존칭과 존재의 위치가 강조됩니다. "있다"는 동사가 없어도 쉽게 추론됩니다. "아버지"가 하늘들 안에 있다는 의미를 전하기 위해 굳이 ἐστί(ν) 에스티(틴)'을 명시적으로 쓰지 않은 것으로 봐야 합니다.

또 다른 답변 : 옥스퍼드 원어 성경 대전(Oxford Bible Concordance)

- 옥스퍼드 원어 성경 대전에서는 "ὁ(호)"를 "which art"로 번역합니다. 그 이유는 'ὁ(호)'가 주격 관계대명사처럼 해석되기 때문입니다. 즉, "ὁ ἐν τοῖς οὐρανοῖς(호 엔 토이스 우라노이스)"를 직역하면 "하늘들 안에 있는 그분"이지만, "which art in heaven 하늘에 계신"으로 번역하는 이유는 그 의미를 보다 자연스럽게 전달하기 위해서입니다.

- 헬라어에서는 종종 서술 동사(있다, 존재하다)가 생략됩니다. 그러나 이 생략은 문법적으로 허용된 구조이며, 독자는 문맥상 이를 추론할 수 있습니다. 따라서, "ὁ(호)"는 주격 동사인 "계시다"를 포함한 채로 해석된다고 볼 수 있습니다. 예를 들어, "ὁ ἐν τοῖς οὐρανοῖς(호 엔 토이스 우라노이스)"는 "하늘들에 계신 그분"을 의미하는데, 영어로 번역할 때 "which art in heaven"이 되는 것은 이러한 서술적인 생략을 보완하기 위함입니다.

2) ἁγιασθήτω τὸ ὄνομά σου

이름이 거룩히 여김을 받으시오며

- 헬라어 : ἁγιασθήτω   τὸ   ὄνομά   σου

- 발음   : Hagiasthētō   to   onoma   sou
               하기에스테토   토   오노마   수

- 뜻   : be sanctified   the   name   your
               거룩히 여김을 받다   그   이름   당신의

- 해석   : 이름이 거룩히 여김을 받으시오며

① ἁγιασθήτω(Hagiasthētō, 하기에스테토)

- ▶ 뜻 : 거룩히 여김을 받다(be sanctified)

- ▶ 문법 : 동사, 명령법, 3인칭 단수, 수동태

  (Verb, imperative, 3rd person singular, passive)

  ○ 여기에 쓰인 수동태를 "신적 수동태"라고도 합니다.

  ○ 신적 수동태는 주어가 명시되지 않았지만, 문맥상 하나님이 주
  체임을 암시하는 형태입니다. 즉, "하나님에 의해 하나님 당신
  의 이름이 거룩히 여김을 받으라"라는 의미가 됩니다. 그러나
  직역하자면 명령형이지만, 실제로는 하나님께 청하는 기도이
  므로, 번역할 때 더 부드러운 청유형으로 해석하는 것이 적절

합니다. 따라서 "당신의 이름이 거룩하게 여김을 받으라"를 "당신의 이름이 거룩히 여김을 받으소서"라고 번역하는 것이 자연스럽습니다.

▶ 예문 : ἁγιασθήτω τὸ σάββατον(하기에스테토 토 사바톤, Hagiasthētō to sabbaton) – "안식일이 거룩히 여김을 받으라"(즉, 하나님에 의해 거룩하게 되라)

○ ἁγιασθήτω(하기에스테토, be sanctified, 거룩히 여김을 받다), τὸ(토, the, 그), σάββατον(사바톤, Sabbaton, 안식일)

② τὸ(to, 토)

▶ 뜻 : 그(the)

▶ 문법 : 정관사, 중성, 단수, 주격
　　　　(Definite article, neuter, singular, nominative)

▶ 예문 : τὸ βιβλίον(토 비블리온, to biblion) – "그 책"

○ τὸ(토, the, 그), βιβλίον(비블리온, book, 책)

③ ὄνομά(onoma, 오노마)

▶ 뜻 : 이름(name)

▶ 문법 : 명사, 중성, 단수, 주격(Noun, neuter, singular, nominative)

▶ 예문 : ὄνομά ἐστιν Ἰωάννης(오노마 에스틴 이오안네스, Onoma estin Ioannes) – "이름은 요한입니다"

○ "ἐστιν(에스틴, is, ~이다)"이 동사로 사용되어 주어와 보어를 연결합니다.

○ ὄνομά(오노마, name, 이름), ἐστιν(에스틴, is, ~이다), Ἰωάννης(이오안
네스, John, 요한)

④ σου(sou, 수)

▶ 뜻 : 너의(your)

▶ 문법 : 소유 대명사, 단수, 속격(Possessive pronoun, singular, genitive)

▶ 예문 : ὁ πατήρ σου(호 파테르 수, ho patēr sou) - "당신의 아버지"

○ ὁ(호, the, 그), πατήρ(파테르, father, 아버지), σου(수, your, 당신의)

⑤ 직역 : 당신의 그 이름이 거룩히 여김을 받으라

의역 : 당신의 이름이 거룩히 여김을 받으소서

‖‖

※ 헬라어 문법 지식 넓히기 : 정관사와 명사의 성, 수, 격 일치

헬라어 문법에서 정관사와 명사의 성, 수, 격이 일치하는 방식은 헬라
어의 중요한 문법 규칙 중 하나입니다. 이 규칙은 헬라어 문장의 구조
를 이해하고 해석하는 데 중요한 역할을 합니다.

1. 성(Gender)

- 헬라어에서 모든 명사는 특정한 성(gender)을 가집니다. 헬라어의
  성은 세 가지로 나눕니다.
  ① 남성(Masculine), ② 여성(Feminine), ③ 중성(Neuter)

- 정관사와 형용사를 수식하는 단어는 해당 명사의 성을 따라갑니

다. 예를 들어, 만일 명사가 중성이라면, 그 명사를 수식하는 정관사와 형용사도 중성 형태로 사용되어야 합니다.

2. 수(Number)

- 헬라어에서 명사는 단수(Singular)와 복수(Plural) 두 가지 수(number)가 존재합니다. 정관사와 형용사 역시 명사의 수에 맞추어 사용됩니다. 즉, 명사가 단수일 때는 정관사와 형용사도 단수 형태로, 복수일 때는 복수 형태로 일치시켜야 합니다.

3. 격(Case)

- 헬라어는 문장 내에서 명사의 역할을 나타내기 위해 다양한 격(case)을 사용합니다. 정관사와 형용사는 명사의 격에 따라 같은 격 형태를 사용해야 합니다. 주요 격은 다음과 같습니다.

  - 주격(Nominative) : 주어를 나타냅니다.
  - 속격(Genitive) : 소유 또는 기원을 나타냅니다.
  - 여격(Dative) : 간접목적어나 장소를 나타냅니다.
  - 대격(Accusative) : 직접목적어를 나타냅니다.

4. 성, 수, 격의 일치 예시

이제 "τὸ ὄνομά(토 오노마, the name, 그 이름)"을 통해 일치의 원칙을 살펴보겠습니다.

- τὸ(토, the, 그)
  - 성(Gender) : 중성(Neuter) /
  - 수(Number) : 단수(Singular)
  - 격(Case) : 주격(Nominative)

- ὄνομά(오노마, name, 이름)
  - 성(Gender) : 중성(Neuter)
  - 수(Number) : 단수(Singular)
  - 격(Case) : 주격(Nominative)

위의 예시에서 보듯이, 정관사가 의도적으로 명사와 성, 수, 격을 맞추기 위해 사용되었습니다. 이러한 일치는 헬라어 문장에서 필수이며, 문장을 이해하고 해석하는 데 중요한 역할을 합니다.

5. 일치의 중요성

- 성, 수, 격을 일치시키는 규칙은 헬라어 문법의 핵심입니다. 이 규칙이 유지되면, 문장의 구조와 의미를 더 쉽게 파악할 수 있습니다. 헬라어에서는 단어의 순서가 비교적 자유롭기 때문에, 성, 수, 격의 일치를 통해 문장 내 단어들이 어떤 관계를 맺고 있는지를 알 수 있습니다.

- "τὸ ὄνομά σου"(토 오노마 수, 당신의 그 이름)는 헬라어에서 성, 수, 격이 일치하는 문구입니다.
  - τὸ(토, the, 그) : 중성, 단수, 주격 정관사(the), 명사 ὄνομά(오노마, name, 이름)를 꾸밉니다.
  - ὄνομά(오노마, name, 이름) : 중성, 단수, 주격 명사로, "이름"을 나타냅니다.
  - σου(수, your, 당신의) : 소유를 나타내는 소유 대명사로, 성과 수에 영향을 받지 않고 명사의 소유자를 표시합니다.

3) ἐλθέτω ἡ βασιλεία σου

나라가 임하시오며

- 헬라어 : ἐλθέτω   ἡ   βασιλεία   σου

- 발음 : Elthetō   hē   basileia   sou

  엘세토   헤   바실레이아   수

- 뜻 : come   the   kingdom   your

  오다   그   나라   당신의

- 해석 : 나라가 임하시오며

① ἐλθέτω(elthetō, 엘세토)

▶ 뜻 : 오다, 임하다(come)

▶ 문법 : 동사, 명령법, 3인칭 단수, 능동태

(Verb, imperative, 3rd person singular, active)

○ 이 동사는 주어가 명시되지 않은 경우, 주어는 일반적으로 문맥에 따라 추정됩니다. 주어가 명시되지 않았을 때 신학적 맥락, 즉 주기도문 같은 경우에는 "하나님"이 주어가 됩니다. 이 구절에서는 명령법 3인칭 단수 형태로 "나라가 오게 하라"라는 의미를 지니고 있으며, 하나님이 주체가 되는 것으로 해석됩니다.

○ "오다"라는 의미의 동사로, 명령법 3인칭 단수 형태로 사용되어 "임하라"라는 뜻입니다.

○ 직역하자면 명령형이지만, 실제로는 하나님께 청하는 기도이므로, 번역할 때 더 부드러운 청유형으로 해석하는 것이 적절합니다. 따라서 "당신의 나라가 오게 하라"를 "당신의 나라가 오게 하소서"라고 번역하는 것이 자연스럽습니다.

▶ 예문 : ἐλθέτω φῶς(엘세토 포스, elthetō phōs) - "빛은 오라"

○ ἐλθέτω(엘세토, come, 오다), φῶς(포스, light, 빛)

② ἡ(hē, 헤)

▶ 뜻 : 그(the)

▶ 문법 : 정관사, 여성, 단수, 주격
(Definite article, feminine, singular, nominative)

○ 정관사로 "그"를 의미하며, 주격 형태로 "βασιλεία(바실레이아, 나라)"를 수식합니다.

▶ 예문 : ἡ γυνή(헤 귀네, hē gynē) - "그 여자"

○ ἡ(헤, the, 그), γυνή(귀네, woman, 여자)

③ βασιλεία(basileia, 바실레이아)

▶ 뜻 : 나라, 왕국(kingdom)

▶ 문법 : 명사, 여성, 단수, 주격(Noun, feminine, singular, nominative)

▶ 예문 : ἡ βασιλεία τοῦ Θεοῦ(헤 바실레이아 투 테우, hē basileia tou

Theou) – "하나님의 나라"

- ἡ(헤, the, 그), βασιλεία(바실레이아, kingdom, 나라), τοῦ Θεοῦ(투 테우, of God, 하나님의)

※ 정관사 "ἡ(헤, the, 그)"와 명사 "βασιλεία(바실레이아, kingdom, 나라)"가 성, 수, 격에서 일치합니다. 여성, 단수, 주격으로 "그 나라"가 주어 역할을 한다는 것을 알 수 있습니다.

④ **σου**(sou, 수)

▶ 뜻 : 당신의(your)

▶ 문법 : 소유 대명사, 단수, 속격
    (Possessive pronoun, singular, genitive)

▶ 예문 : ὁ πατήρ σου(ho patēr sou, 호 파테르 수) – "당신의 아버지"

- 소유 대명사 'σου(sou, 수, 당신의)'는 속격으로 사용되어 소유 관계를 나타내며, 여기서는 하나님의 소유를 의미하는 '당신의'라는 뜻으로 해석됩니다.

- ὁ(the, 호, 그), πατήρ(father, 파테르, 아버지), σου(your, 수, 너의)

⑤ 직역 : 당신의 그 나라가 오게 하라
   의역 : 당신의 나라가 오게 하소서

4) γενηθήτω τὸ θέλημά σου

뜻이 이루어지이다

- **헬라어** : γενηθήτω   τὸ   θέλημά   σου

- **발음** : genēthētō   to   thelēma   sou
  게네테토   토   테레마   수

- **뜻** : be done   the   will   your
  이루어지다   그   뜻, 의지   당신의

- **해석** : 뜻이 이루어지이다.

① **γενηθήτω**(genēthētō, 게네테토)

▶ 뜻 : 이루어지다(be done, come to pass)

▶ 문법 : 동사, 명령법, 3인칭 단수, 수동태
  (Verb, imperative, 3rd person singular, passive)

○ 신적 수동태로서, 주어는 하나님임을 암시합니다.

○ 신적 수동태란 주어가 명시되지 않지만, 문맥상 하나님이 주체임을 의미합니다.

○ 즉, '하나님에 의해 당신(하나님)의 뜻이 이루어지라'는 의미를 나타냅니다.

○ 직역하자면 명령형이지만, 실제로는 하나님께 청하는 기도이므로, 번역할 때 더 부드러운 청유형으로 해석하는 것이 적절합니다. 따라서 "당신의 뜻이 이루어지게 하라"를 "당신의 뜻이 이루어지게 하소서"라고 번역하는 것이 자연스럽습니다.

▶ 예문 : γενηθήτω φῶς(게네테토 포스, genēthētō phōs) - "빛이 있으라"

(즉, 하나님에 의해 빛이 있으라)

○ γενηθήτω(게네테토, be done, 이루어지다), φῶς(포스, light, 빛)

② τὸ(to, 토)

▶ 뜻 : 그(the)

▶ 문법 : 정관사, 중성, 단수, 주격/목적격

(Definite article, neuter, singular, nominative/accusative)

○ 정관사로 "그"를 의미하며, 주격 형태로 명사 "θέλημά(테레마, 뜻)"를 수식합니다.

▶ 예문 : τὸ βιβλίον(토 비블리온, to biblion) - "그 책"

○ τὸ(토, the, 그), βιβλίον(비블리온, book, 책)

③ θέλημά(thelēma, 테레마)

▶ 뜻 : 뜻, 의지(will)

▶ 문법 : 명사, 중성, 단수, 주격(Noun, neuter, singular, nominative)

○ "뜻" 또는 "의지"를 의미하는 명사로, 주격 형태입니다.

○ "θέλημά(테레마, will, 뜻)"는 인간의 뜻이 아닌, 하나님의 의도나

목적을 나타낼 때 사용됩니다. 이 단어는 신약성경 여러 곳에서 나타납니다. 예를 들어, 마태복음 26장 42절에서 "아버지, 만일 피할 수 없거든 아버지의 뜻이 이루어지기를 원하나이다."에서 아버지의 '뜻'에 해당하는 헬라어로 θέλημά(테레마)가 사용되었습니다.

▶ 예문 : τὸ θέλημά τοῦ Θεοῦ(토 테레마 투 테우, to thelēma tou Theou)
   - "하나님의 뜻"

○ τὸ(토, the, 그), θέλημά(테레마, will, 뜻), τοῦ Θεοῦ(투 테우, of God, 하나님의)

④ **σου**(sou, 수)

▶ 뜻 : 당신의(your)

▶ 문법 : 소유 대명사, 단수, 속격(Possessive pronoun, singular, genitive)
   ○ 소유 대명사로 "당신의"를 의미하며, 속격 형태입니다.

▶ 예문 : ὁ πατήρ σου(호 파테르 수, ho patēr sou) - "당신의 아버지"
   ○ ὁ(호, the, 그), πατήρ(파테르, father, 아버지), σου(수, your, 당신의)

⑤ 직역 : 당신의 뜻이 이루어지게 하라
   의역 : 당신의 뜻이 이루어지게 하소서

5) ὡς ἐν οὐρανῷ, καὶ ἐπὶ γῆς

하늘에서와 같이, 땅에서도

- 헬라어 : ὡς   ἐν   οὐρανῷ,   καὶ   ἐπὶ   γῆς·

• 발음 :	hōs	en	ouranōi	kai	epi	gēs
	호스	엔	우라노이	카이	에피	게스

• 뜻 :	as	in	heaven	and	on	land
	~같이	~안에	하늘	그리고	~위에	땅

- 해석 : 하늘에서와 같이, 땅에서도

① ὡς(hōs, 호스)

▶ 뜻 : ~같이, ~처럼(as, like)

▶ 문법 : 접속사(Conjunction)

   ○ "ὡς(hōs, 호스)"는 주로 앞 문장과 뒷 문장을 연결하면서 "~처럼"이라는 비교의 의미를 전달합니다. 이 접속사는 두 문장이나 절을 연결하여, 한 대상이 다른 대상과 비슷한 방식으로 존재하거나 행동함을 나타냅니다. 예를 들어, "ὡς ἐν οὐρανῷ, καὶ ἐπὶ γῆς(호스 엔 우라노이, 카이 에피 게스)"에서는 "하늘에서처럼, 땅에서도"라는 비교를 나타내며, 하늘에서 이루어지는 방식과 동일하게 땅에서도 그 일이 이루어지기를 바라고 있습니다.

▶ 예문 : ὡς παιδίον(호스 파이디온, hōs paidion) - "어린아이처럼"

　○ ὡς(호스, as, ~처럼), παιδίον(파이디온, child, 어린아이)

② ἐν(en, 엔)

　▶ 뜻 : ~안에, ~속에(in, within)

　▶ 문법 : 전치사, 여격(Preposition, dative)

　▶ 예문 : ἐν τῇ πόλει(엔 테이 폴레이, en tēi polei) - "도시 안에"

　　○ ἐν(엔, in, ~안에), τῇ(테이, the, 그), πόλει(폴레이, city, 도시)

③ οὐρανῷ(ouranōi, 우라노이)

　▶ 뜻 : 하늘(heaven)

　▶ 문법 : 명사, 남성, 단수, 여격(Noun, masculine, singular, dative)

　▶ 예문 : ἐν οὐρανῷ(엔 우라노이, en ouranōi) - "하늘에서"

　　○ ἐν(엔, in, ~안에), οὐρανῷ(우라노이, heaven, 하늘)

④ καὶ(kai, 카이)

　▶ 뜻 : 그리고(and)

　▶ 문법 : 접속사(Conjunction)

　▶ 예문 : καὶ ἐγώ(카이 에고, kai egō) - "그리고 나도"

　　○ καὶ(카이, and, 그리고), ἐγώ(에고, I, 나)

⑤ ἐπὶ(epi, 에피)

▶ 뜻 : ~위에, ~에서(on, upon)

▶ 문법 : 전치사, 여격(Preposition, dative)

 ○ 전치사 "ἐπὶ(에피, epi)"는 여격뿐만 아니라 대격과 결합할 때도 사용됩니다. 여기서는 여격과 결합하여 "위에"라는 의미로 쓰였지만, 대격과 함께 사용될 때는 "향하여"라는 의미로도 쓰일 수 있습니다.

 ○ 대격과 함께 쓰인 예문으로 "ἐπὶ τὸν οἶκον(에피 톤 오이콘, epi ton oikon, 집으로 향하여)"가 있습니다.

  - ἐπὶ(에피, epi) : ~위에, ~향하여, ~목표로 / 전치사(Preposition)

  - τὸν(톤, ton) : 그(the) / 정관사, 남성, 단수, 대격(Definite article, masculine, singular, accusative)

  - οἶκον(oikon) : 집, 가정, 건물(house, home, building) / 명사, 남성, 단수, 대격(Noun, masculine, singular, accusative)

※ 전치사 ἐν(en)와 ἐπὶ(epi)

 이 두 전치사의 차이점은, "ἐν(en, 엔)"은 주로 "~안에", "~속에"라는 의미로 '장소'를 나타낼 때 쓰이고, "ἐπὶ(epi, 에피)"는 "~위에", "~위로"라는 의미로 '위치'를 나타낼 때 쓰입니다.

⑥ γῆς(gēs, 게스)

▶ 뜻 : 땅, 지구(earth, land)

▶ 문법 : 명사, 여성, 단수, 여격(Noun, feminine, singular, dative)

○ "γῆς"가 여성 단수 여격 형태 쓰여 "땅 위에" 또는 "지구 위에" 라는 뜻을 나타냅니다.

▶ 예문 : ἐπὶ τῆς γῆς(에피 테스 게스, epi tēs gēs) – "땅 위에"

○ ἐπὶ τῆς γῆς(에피 테스 게스, epi tēs gēs) – "τῆς(테스, tēs)"는 여성 단수 여격 형태이며, 전치사 "ἐπὶ(에피, epi)"가 여격과 결합하여 "~ 위에"라는 의미가 됩니다.

○ ἐπὶ(에피, on, ~위에), τῆς(테스, the, 그), γῆς(게스, earth, 땅)

※ **헬라어 문법 지식 넓히기** : ἐν(엔)과 ἐπὶ(에피) 전치사의 차이

문법적 해석

● ἐν(엔)은 '~안에, 내부에서'라는 뜻입니다. 주로 어떤 대상이 내부에 존재하는 상태를 나타냅니다. 그래서 "하늘 안에서"라는 의미로 사용되며, 장소나 위치의 구체적인 내부를 강조하는 전치사입니다. 예를 들어, 하늘이라는 특정한 장소 안에서 하나님의 뜻이 실현되는 개념을 나타냅니다.

● ἐπὶ(에피)는 '~위에, 표면에'라는 뜻이며, 어떤 대상이 표면에 걸쳐 있거나 놓여 있는 상태를 나타냅니다. 이 전치사는 위에서 '덮다', '걸치다'라는 의미를 더 포함하고 있습니다. 그래서 "땅 위에서"라는 뜻으로, 땅이라는 장소 위에서 일어나는 행위를 표현합니다. 즉, 땅 위에서 하나님의 뜻이 실현되는 장소적 의미를 강조할 때 사용됩니다.

신학적 해석

- 장 풋만스(Jean Putmans, 언어학자)는 ἐν(엔)과 ἐπi(에피)의 구문적 차이에 주목합니다. ἐν(엔)은 특정한 공간 내부에 국한된 의미를 전달하고, ἐπi(에피)는 더 넓은 표면이나 위에 있는 상태를 나타낸다고 설명했습니다. 따라서, 하늘은 내부적으로 하나님의 뜻이 완전하게 실현되는 장소로, 땅은 표면적으로 그 뜻이 퍼져나가는 곳으로 볼 수 있다고 말합니다.

- 또 다른 학자들은 ἐπi(에피)를 사용한 것은 땅이 하늘과는 달리 불완전한 상태에 있음을 나타내기 때문이라고 말합니다. 따라서 하나님의 뜻이 땅 위에서 서서히 실현되어야 함을 강조하기 위해 ἐπi(에피)를 사용했다고 해석합니다.

6) τὸν ἄρτον ἡμῶν τὸν ἐπιούσιον δὸς ἡμῖν σήμερον
오늘 우리에게 일용할 양식을 주시옵고

● 헬라어 : τὸν ἄρτον ἡμῶν τὸν ἐπιούσιον δὸς ἡμῖν σήμερον

● 발음 : Ton arton hēmōn ton epiousion dos hēmin sēmeron
　　　　톤　아르톤　헤몬　톤　에피우시온　도스　헤민　　세메론

● 뜻 : the bread our the daily give to us today
　　　그 　빵　 우리의 그 　일용할　 주다 우리에게 오늘

● 해석 : 오늘 우리에게 일용할 양식을 주시옵고

① **τὸν**(ton, 톤)

▶ 뜻 : 그(the)

▶ 문법 : 정관사, 남성, 단수, 목적격

　　　　(Definite article, masculine, singular, accusative)

　　○ 정관사로 "그"를 의미하며, 목적격 형태로 명사 "ἄρτον(아르톤,

　　arton, 빵)"을 수식합니다.

▶ 예문 : τὸν ἄνδρα(톤 안드라, ton andra) - "그 남자"

　　○ τὸν(톤, the, 그), ἄνδρα(안드라, man, 남자)

② **ἄρτον**(arton, 아르톤)

▶ 뜻 : 빵, 양식(bread)

▶ 문법 : 명사, 남성, 단수, 목적격(Noun, masculine, singular, accusative)

　　○ "빵"을 의미하지만, 문맥에 따라 "양식" 또는 "필수적인 음식"
을 의미합니다.

▶ 예문 : δὸς μοι ἄρτον(도스 모이 아르톤, dos moi arton) - "나에게 빵을
주세요"

　　○ δὸς(도스, give, 주세요), μοι(모이, to me, 나에게), ἄρτον(아르톤, bread, 빵)

③ ἡμῶν(hēmōn, 헤몬)

▶ 뜻 : 우리(의)(our)

▶ 문법 : 소유 대명사, 복수, 속격(Possessive pronoun, plural, genitive)

　　○ 소유 대명사로 "우리의"를 의미하며, 속격 형태입니다.

▶ 예문 : ὁ πατήρ ἡμῶν(호 파테르 헤몬, ho patēr hēmōn) - "우리의 아버지"

　　○ ὁ(호, the, 그), πατήρ(파테르, father, 아버지), ἡμῶν(헤몬, our, 우리의)

④ τὸν(ton, 톤)

▶ 뜻 : 그(the)

▶ 문법 : 정관사, 남성, 단수, 목적격
　　　　(Definite article, masculine, singular, accusative)

　　○ 정관사로 "그"를 의미하며, 목적격 형태로 형용사 "ἐπιούσιον(
에피우시온, epiousion, 일용할)"을 수식합니다.

▶ 예문 : τὸν λόγον(톤 로곤, ton logon) - "그 말"

　　○ τὸν(톤, the, 그), λόγον(로곤, word, 말)

⑤ ἐπιούσιον(epiousion, 에피우시온)

▶ 뜻 : 일용할, 매일의(daily)

▶ 문법 : 형용사, 남성, 단수, 목적격
  (Adjective, masculine, singular, accusative)

  ○ "일용할" 또는 "매일의"를 의미하는 형용사로, 목적격 형태입니다.

▶ 예문 : τὸν ἄρτον τὸν ἐπιούσιον(톤 아르톤 톤 에피우시온, ton arton ton epiousion)

  ○ τὸν(톤, the, 그), ἄρτον(아르톤, bread, 양식), ἐπιούσιον(에피우시온, daily, 일용할)

⑥ δὸς(dos, 도스)

▶ 뜻 : 주다(give)

▶ 문법 : 동사, 명령법, 2인칭 단수, 능동태
  (Verb, imperative, 2nd person singular, active)

  ○ "주다"라는 의미의 동사로, 명령법 2인칭 단수 형태로 사용되어 "주시고"라는 뜻입니다.

  ○ 명령법 2인칭 단수 형태는 하나님께 직접적으로 청원하는 형식이며, 이 구절에서는 하나님께 강한 요청을 하는 것으로 쓰였습니다.

▶ 예문 : δὸς αὐτῷ(도스 아우토이, dos autōi) - "그에게 주세요"

  ○ δὸς(도스, give, 주세요), αὐτῷ(아우토이, to him, 그에게)

⑦ **ἡμῖν**(hēmin, 헤민)

▶ 뜻 : 우리에게(to us)

▶ 문법 : 인칭 대명사, 복수, 여격(Personal pronoun, plural, dative)

○ 인칭 대명사로 "우리에게"를 의미하며, 여격 형태입니다.

▶ 예문 : δὸς ἡμῖν(도스 헤민, dos hēmin) – "우리에게 주세요"

○ δὸς(도스, give, 주세요), ἡμῖν(헤민, to us, 우리에게)

⑧ **σήμερον**(sēmeron, 세메론)

▶ 뜻 : 오늘(today)

▶ 문법 : 부사(Adverb)

○ "오늘"을 의미하는 부사입니다.

▶ 예문 : σήμερον ἐστιν(세메론 에스틴, sēmeron estin) – "오늘이다"

○ σήμερον(세메론, today, 오늘), ἐστιν(에스틴, is, 이다)

⑨ 직역 : 우리의 그 일용할 빵을 오늘 우리에게 주시옵고

의역 : 오늘 우리에게 일용할 양식을 주시옵고

※ **헬라어 문법 지식 넓히기 : 형용사 ἐπιούσιον(에피우시온)의 어원과 해석**

"ἐπιούσιον ἐπιούσιον(에피우시온, daily, 일용할)"은 헬라어 주기도문에서 매우 독특한 단어로, 그 의미와 해석에 대해 많은 논의가 이루어졌습

니다. 이 단어는 "ἄρτον(아르톤, bread, 빵/양식)"과 결합하여 "일용할 양식"을 의미하는데, 그 정확한 의미를 이해하기 위해 어원과 신학적 해석을 살펴볼 필요가 있습니다.

1. 어원 분석

"ἐπιούσιον(에피우시온)"의 어원에 대해서는 여러 가지 이론이 있습니다.

- ἐπιούσιον(epiousion, 에피우시온)을 ἐπί(epi, 에피)와 οὐσία(ousia, 우시아)가 결합된 단어로 보는 것입니다.
  - ἐπί(epi, 에피)는 "위에", "넘어서", "추가로" 등의 의미를 가지는 전치사입니다.
  - οὐσία(ousia, 우시아)는 "존재", "본질", "실체"를 의미합니다.
  - 따라서, "ἐπιούσιον(epiousion, 에피우시온)"을 문자적으로 해석하면 "존재를 위한 것" 또는 "본질적인 것"을 의미할 수 있습니다. 이 해석에 따르면, "ἐπιούσιον(에피우시온)"은 "우리 존재를 유지하는 데 필요한 양식"이라는 의미로 해석될 수 있습니다.

- ἐπιούσιος(epiousios, 에피우시오스, 다음 날의)
  - 또 다른 해석은 "다음 날의", "다가오는 날의"라는 의미로 해석하는 것입니다. 여기서 "οὖσα(우사, ousa)"는 "존재하는" 또는 "다가오는"이라는 뜻이 됩니다. 이 경우, "ἐπιούσιον(에피우시온)"은 "다가올 날을 위한 양식" 또는 "매일의 양식"을 의미합니다.

2. 신학적 해석

초기 기독교 교부들 사이에서 "ἐπιούσιον(에피우시온)"의 의미에 대해 다양한 해석이 있었습니다.

- 일용할 양식(Daily bread) : 가장 널리 받아들여진 해석은 "ἐπιούσιον(에피우시온)"이 "일용할" 또는 "하루의"를 의미한다는 것입니다. 이것은 주기도문이 하나님께 매일매일 우리에게 필요한 양식을 제공해 주시기를 간구하는 기도라는 것입니다. 이 해석은 신약성경 전체에서 하나님께 의존하는 일상적인 필요를 강조하는 맥락과 일치합니다.

- 초자연적인 양식(Supernatural bread) : 일부 교부들은 "ἐπιούσιον(에피우시온)"이 물리적 양식을 넘어, 영적인 양식 또는 초자연적인 양식을 의미한다고 해석했습니다. 이 경우 "ἐπιούσιον(에피우시온)"은 하나님께서 우리에게 제공해 주시는 영적 생명의 양식을 의미하며, 성찬례와 관련지어 해석할 수 있습니다. 예를 들어, 오리게네스(Origenes, 3세기 초 기독교 신학자이자 교부)는 "ἐπιούσιον(에피우시온)"을 하나님께서 제공해 주시는 영적인 양식을 의미한다고 보고, 영적인 양식은 곧 예수님을 가리킨다고 해석했습니다. 특히, 예수님은 요한복음 6:35에서 "나는 생명의 떡이다"라고 말씀하셨는데, 예수님 자신을 영적인 양식으로 묘사한 구절입니다. 오리게네스의 해석을 따르면, 이 영적 양식은 예수님과 관련이 깊다고 봅니다.

3. 주기도문에서의 의미

주기도문에서 "τὸν ἄρτον ἡμῶν τὸν ἐπιούσιον(톤 아르톤 헤몬 톤 에피우시온, ton arton hēmōn ton epiousion, 우리에게 일용할 양식을)"은 "우리에게 '오늘' 필요한 양식"이라는 의미로, 일상의 필요를 위한 기도로서 해석될 수 있습니다. 그러나 이 문장은 또한 영적 의미를 담고 있으며, 우리의 영적 삶을 위해 매일 필요로 하는 하나님의 은혜와 영적 양식을 구하는 기도로도 해석될 수 있습니다.

7) καὶ ἄφες ἡμῖν τὰ ὀφειλήματα ἡμῶν

우리의 죄를 용서하소서

- 헬라어 : καὶ   ἄφες   ἡμῖν   τὰ   ὀφειλήματα   ἡμῶν

- 발음 : kai   aphes   hēmin   ta   opheilēmata   hēmōn

  카이   아페스   헤민   타   오페일레마타   헤몬

- 뜻 : and   forgive   to us   the   debts   our

  그리고   용서하다   우리에게   그   빚/채무/죄   우리의

- 해석 : 우리의 죄를 용서하소서

① καὶ(kai, 카이)

  ▶ 뜻 : 그리고(and)

  ▶ 문법 : 접속사(Conjunction)

    ○ "그리고"를 의미하는 접속사입니다.

  ▶ 예문 : καὶ ἐγώ(카이 에고, kai egō) - "그리고 나도"

    ○ καὶ(카이, and, 그리고), ἐγώ(에고, I, 나)

② ἄφες(aphes, 아페스)

  ▶ 뜻 : 용서하다(forgive)

▶ 문법 : 동사, 명령법, 2인칭 단수, 능동태
  (Verb, imperative, 2nd person singular, active)

  ○ "용서하다"라는 의미의 동사로, 명령법 2인칭 단수 형태로 사용되어 "용서하소서"라는 뜻입니다.

  ○ 이 동사는 하나님께 직접 용서를 청원하는 기도로 사용되며, 명령법 형태로 강한 요청을 나타냅니다.

▶ 예문 : ἄφες τὰς ἁμαρτίας ἡμῶν(아페스 타스 하마르티아스 헤몬, aphes tas hamartias hēmōn) - "우리의 죄를 용서하소서"

  ○ ἄφες(아페스, forgive, 용서하다), τὰς(타스, the, 그), ἁμαρτίας(하마르티아스, sins, 죄), ἡμῶν(헤몬, our, 우리의)

③ ἡμῖν(hēmin, 헤민)

  ▶ 뜻 : 우리에게(to us)

  ▶ 문법 : 인칭 대명사, 복수, 여격(Personal pronoun, plural, dative)

  ○ 인칭 대명사로 "우리에게"를 의미하며, 여격 형태입니다.

  ▶ 예문 : δὸς ἡμῖν(도스 헤민, dos hēmin) - "우리에게 주세요"

  ○ δὸς(도스, give, 주세요), ἡμῖν(헤민, to us, 우리에게)

④ τὰ(ta, 타)

  ▶ 뜻 : 그(the)

  ▶ 문법 : 정관사, 중성, 복수, 목적격
    (Definite article, neuter, plural, accusative)

○ 정관사로 "그"를 의미하며, 중성 복수 목적격 형태로 명사 "ὀφε

ιλήματα(오페일레마타, opheilēmata, 빚/채무)"를 수식합니다.

▶ 예문 : τὰ βιβλία(타 비블리아, ta biblia) - "그 책들"

○ τὰ(타, the, 그), βιβλία(비블리아, books, 책들)

⑤ **ὀφειλήματα**(opheilēmata, 오페일레마타)

▶ 뜻 : 빚, 채무, 죄(debts, offenses)

▶ 문법 : 명사, 중성, 복수, 목적격(Noun, neuter, plural, accusative)

○ "빚", "채무"를 의미하는 명사로, 중성 복수 목적격 형태입니다.

○ 여기에서는 비유적으로 "죄"를 의미합니다. 이러한 비유의 사

용은 고대 유대교에서 죄를 경제적 채무에 빗대는 전통에서 비

롯되었습니다.

○ 경제적 채무는 인간이 하나님께 지고 있는 죄의 상태를 의미합

니다. 이 기도는 하나님께서 우리의 죄를 용서해 주시기를 간

구하는 기도로, 인간이 자신의 연약함과 죄를 깨닫고 하나님

의 은총과 자비를 구하는 표현입니다.

▶ 예문 : ἄφες τὰ ὀφειλήματα ἡμῶν(아페스 타 오페일레마타 헤몬, aphes

ta opheilēmata hēmōn) - "우리의 빚을 용서하소서"

○ ἄφες(아페스, forgive, 용서하다), τὰ(타, the, 그), ὀφειλήματα(오페일레

마타, debts, 빚)

⑥ **ἡμῶν**(hēmōn, 헤몬)

　▶ 뜻 : 우리(의)(our)

　▶ 문법 : 소유 대명사, 복수, 속격(Possessive pronoun, plural, genitive)

　　○ 소유 대명사로 "우리의"를 의미하며, 속격 형태입니다.

　▶ 예문 : ὁ πατήρ ἡμῶν(호 파테르 헤몬, ho patēr hēmōn) - "우리의 아버
　　　지"

　　○ ὁ(호, the, 그), πατήρ(파테르, father, 아버지), ἡμῶν(헤몬, our, 우리의)

⑦ 직역 : 그리고 우리의 빚들을 우리에게 용서하소서

　의역 : 우리의 죄를 용서하소서

8) ὡς καὶ ἡμεῖς ἀφήκαμεν τοῖς ὀφειλέταις ἡμῶν
우리가 우리에게 죄지은 자들을 사하여 준 것 같이

- 헬라어 : ὡς   καὶ   ἡμεῖς   ἀφήκαμεν τοῖς   ὀφειλέταις   ἡμῶν

- 발음 : hōs   kai   hēmeis   phēkamen tois   opheiletais   hēmōn
         호스   카이   헤메이스 아페카멘   토이스 오페일레타이스 헤몬

- 뜻   : as   and   we   forgive   the   debtors   our
         ~처럼 그리고 우리   용서하다   그   빚진 자   우리의

- 해석 : 우리가 우리에게 죄지은 자들을 사하여 준 것 같이

① ὡς(hōs, 호스)

▶ 뜻 : ~처럼, ~같이(as, like)

▶ 문법 : 접속사(Conjunction)

ㅇ "같이" 또는 "처럼"을 의미하는 접속사입니다.

ㅇ 이 구절에서는 "처럼"이라는 의미 그 이상으로 쓰이며, 비교와 조건을 나타내는 역할을 합니다. 즉, "우리의 용서가 기준이 되어, 하나님께서도 우리를 용서해 주시기를" 바라는 의미로 해석됩니다.

ㅇ 달리 해석하면, 하나님께 우리가 용서받기를 간구하면서도 동시에 우리가 남을 용서해야 한다는 의무를 상기시키는 기도라고 볼 수 있습니다.

▶ 예문 : ὡς παιδίον(호스 파이디온, hōs paidion) – "어린아이처럼"

  ○ ὡς(호스, as, ~처럼), παιδίον(파이디온, child, 어린아이)

② **καὶ**(kai, 카이)

  ▶ 뜻 : 그리고, 또한(and, also)

  ▶ 문법 : 접속사(Conjunction)

  ○ "그리고" 또는 "또한"을 의미하는 접속사입니다.

  ▶ 예문 : καὶ ἐγώ(카이 에고, kai egō) – "그리고 나도"

  ○ καὶ(카이, and, 그리고), ἐγώ(에고, I, 나)

③ **ἡμεῖς**(hēmeis, 헤메이스)

  ▶ 뜻: 우리(we)

  ▶ 문법: 인칭 대명사, 복수, 주격(Personal pronoun, plural, nominative)

  ○ "우리"를 의미하는 인칭 대명사로, 주격 형태입니다.

  ▶ 예문: ἡμεῖς ἐσμεν(헤메이스 에스멘, hēmeis esmen) – "우리는 있다"

  ○ ἡμεῖς(헤메이스, we, 우리), ἐσμεν(에스멘, are, 있다)

④ **ἀφήκαμεν**(aphēkamen, 아페카멘)

  ▶ 뜻 : 용서하다, 놓아주다(forgive, let go)

  ▶ 문법 : 동사, 직설법, 완료형, 1인칭 복수

       (Verb, indicative, aorist, 1st person plural)

  ○ "용서하다"라는 의미의 동사로, 직설법 완료형 1인칭 복수 형태
    로 사용되어 "우리가 이미 용서하였다"는 의미를 담고 있습니다.

○ 이 동사는 완료형으로 사용되었으며, 과거에 일어난 일이 현재에도 영향을 미치고 있음을 나타냅니다. 즉, 과거에 우리가 용서한 일이 지금도 계속되고 있다는 의미입니다.

▶ 예문 : ἀφήκαμεν τὰς ἁμαρτίας(아페카멘 타스 하마르티아스, aphēkam en tas hamartias) - "우리는 죄를 용서하였다"

  ○ ἀφήκαμεν(아페카멘, forgive, 용서하다), τὰς(타스, the, 그), ἁμαρτίας (하마르티아스, sins, 죄)

⑤ τοῖς(tois, 토이스)

▶ 뜻 : 그(the)

▶ 문법 : 정관사, 남성/중성, 복수, 여격
       (Definite article, masculine/neuter, plural, dative)

  ○ 정관사로 "그"를 의미하며, 여격 형태로 명사 "ὀφειλέταις(오페일 레타이스, opheiletais, 빚진 자)"를 수식합니다.

▶ 예문 : τοῖς φίλοις(토이스 필로이스, tois philois) - "그 친구들에게"

  ○ τοῖς(토이스, the, 그), φίλοις(필로이스, friends, 친구들)

⑥ ὀφειλέταις(opheiletais, 오페일레타이스)

▶ 뜻 : 빚진 자, 채무자(debtors)

▶ 문법 : 명사, 남성, 복수, 여격(Noun, masculine, plural, dative)

  ○ "빚진 자" 또는 "채무자"를 의미하는 명사로, 여격 형태입니다.

  ○ 문자 그대로 "빚진 자들"을 의미하지만, 비유적으로 "죄지은 자들"을 의미하는 것으로 해석됩니다.

▶ 예문 : τοῖς ὀφειλέταις ἡμῶν(토이스 오페일레타이스 헤몬, tois opheileta is hēmōn) - "우리의 채무자들에게"

    ○ τοῖς(토이스, the, 그), ὀφειλέταις(오페일레타이스, debtors, 채무자들), ἡμῶν(헤몬, our, 우리의)

⑦ **ἡμῶν**(hēmōn, 헤몬)

▶ 뜻 : 우리(의)(our)

▶ 문법 : 소유 대명사, 복수, 속격(Possessive pronoun, plural, genitive)

    ○ 소유 대명사로 "우리의"를 의미하며, 속격 형태입니다.

▶ 예문 : ὁ πατήρ ἡμῶν(호 파테르 헤몬, ho patēr hēmōn) - "우리의 아버지"

    ○ ὁ(호, the, 그), πατήρ(파테르, father, 아버지), ἡμῶν(헤몬, our, 우리의)

⑧ 직역 : 우리가 우리의 빚진 자들을 용서한 것처럼

   의역 : 우리가 우리에게 죄지은 자들을 사하여 준 것 같이

※ 이 문장은 "우리가 빚진 자들을 용서한 것처럼, 하나님도 우리의 죄를 용서해 주시기를" 간구하는 구절로, 인간의 용서와 하나님의 용서를 연결하는 구절입니다.

9) καὶ μὴ εἰσενέγκῃς ἡμᾶς εἰς πειρασμόν
우리를 시험에 들게 하지 마시옵고

• 헬라어	:	καὶ	μὴ	εἰσενέγκῃς	ἡμᾶς	εἰς	πειρασμόν
• 발음	:	kai	mē	eisenenkēs	hēmas	eis	peirasmon
		카이	메	에이세넨케스	헤마스	에이스	페이라스몬
• 뜻	:	and	do not	bring in	us	into	temptation
		그리고	~하지 말라	들여오다	우리를	~로	시험/유혹
• 해석	:	우리를 시험에 들게 하지 마시옵고					

① **καὶ**(kai, 카이)

  ▶ 뜻 : 그리고(and)

  ▶ 문법 : 접속사(Conjunction)

   ○ "그리고"를 의미하는 접속사입니다.

  ▶ 예문 : καὶ ἐγώ(카이 에고, kai egō) - "그리고 나도"

   ○ καὶ(카이, and, 그리고), ἐγώ(에고, I, 나)

② **μὴ**(mē, 메)

  ▶ 뜻 : ~하지 말라(not, do not)

▶ 문법 : 부정사(Negation particle)

○ "하지 말라"를 의미하는 부정사입니다.

○ "μὴ(mē, 메)"는 부정어로 이 구절에서는 하나님께 우리가 시험에 들지 않기를 간구하는 부정 명령문으로 사용됩니다. 부정 명령문은 헬라어에서 강한 금지나 간구를 표현하는 데 자주 사용됩니다.

▶ 예문 : μὴ φοβοῦ(메 포부, mē phobou) - "두려워하지 말라"

○ μὴ(메, not, 하지 말라), φοβοῦ(포부, fear, 두려워하다)

③ εἰσενέγκῃς(eisenenkēs, 에이세넨케스)

▶ 뜻 : 들여오다, 이끌다(bring in, lead into)

▶ 문법 : 동사, 명령법, 2인칭 단수, 능동태
(Verb, imperative, 2nd person singular, active)

○ "들여오다"라는 의미의 동사로, 명령법 2인칭 단수 형태로 사용되어 "들여오지 말라"라는 뜻입니다.

○ 이 동사는 명령법 2인칭 단수 형태로 사용되어 하나님께서 우리를 시험에 빠뜨리지 않도록 간구하는 강한 요청을 나타냅니다.

▶ 예문 : εἰσενέγκῃς αὐτούς εἰς τὸν οἶκον(에이세넨케스 아우투스 에이스 톤 오이콘, eisenenkēs autous eis ton oikon) - "그들을 집 안으로 들여오지 말라"

○ εἰσενέγκῃς(에이세넨케스, bring in, 들여오다), αὐτούς(아우투스, them, 그들), εἰς(에이스, into, ~로), τὸν(톤, the, 그), οἶκον(오이콘, house, 집)

④ ἡμᾶς(hēmas, 헤마스)

▶ 뜻 : 우리를(us)

▶ 문법 : 인칭 대명사, 복수, 목적격(Personal pronoun, plural, accusative)

○ 인칭 대명사로 "우리"를 의미하며, 목적격 형태입니다.

▶ 예문 : δὸς ἡμᾶς(도스 헤마스, dos hēmas) - "우리를 주시고"

○ δὸς(도스, give, 주다), ἡμᾶς(헤마스, us, 우리를)

⑤ εἰς(eis, 에이스)

▶ 뜻 : ~로(into, to)

▶ 문법 : 전치사, 목적격(Preposition, accusative)

○ "~로"를 의미하는 전치사로, 목적격 형태의 명사 "πειρασμόν(페이라스몬, peirasmon, 시험/유혹)"과 함께 사용됩니다.

▶ 예문 : εἰς τὴν πόλιν(에이스 텐 폴린, eis tēn polin) - "도시로"

○ εἰς(에이스, into, ~로), τὴν(텐, the, 그), πόλιν(폴린, city, 도시)

⑥ πειρασμόν(peirasmon, 페이라스몬)

▶ 뜻 : 시험, 유혹(temptation, trial)

▶ 문법 : 명사, 남성, 단수, 목적격(Noun, masculine, singular, accusative)

○ "시험" 또는 "유혹"을 의미하는 명사로, 목적격 형태입니다.

○ 문맥에 따라 "시험"이나 "유혹"을 의미하며, 여기서는 하나님께서 우리가 도덕적이거나 영적 시험에 빠지지 않도록 보호해 주시기를 간구하는 의미를 담고 있습니다.

▶ 예문 : εἰς πειρασμόν(에이스 페이라스몬, eis peirasmon) - "시험에"

○ εἰς(에이스, into, ~로), πειρασμόν(페이라스몬, temptation, 시험)

⑦ 직역 : 그리고 우리를 시험(유혹) 안으로 들여보내지 마소서

의역 : 우리를 시험에 들게 하지 마소서

10) ἀλλὰ ῥῦσαι ἡμᾶς ἀπὸ τοῦ πονηροῦ
다만 악에서 구하시옵소서

● 헬라어 : ἀλλὰ   ῥῦσαι   ἡμᾶς   ἀπὸ   τοῦ   πονηροῦ

● 발음 : alla   rhysai   hēmas   apo   tou   ponērou
　　　　　알라   뤼사이   헤마스   아포   투   포네루

● 뜻 : but   rescue   us   from   the   evil
　　　　그러나   구하다   우리를   ~로부터   그   악한

● 해석 : 다만 악에서 구하시옵소서

① ἀλλὰ(alla, 알라)

　▶ 뜻 : 그러나, 다만(but, rather)

　▶ 문법 : 접속사(Conjunction)

　　○ "그러나" 또는 "다만"을 의미하는 접속사입니다.

　▶ 예문 : ἀλλὰ γάρ(알라 가르, alla gar) - "그러나 왜냐하면"

　　○ ἀλλὰ(알라, but, 그러나), γάρ(가르, for, 왜냐하면)

② ῥῦσαι(rhysai, 뤼사이)

　▶ 뜻 : 구하다, 구출하다(rescue, deliver)

▶ 문법 : 동사, 명령법, 2인칭 단수, 중간태

    (Verb, imperative, 2nd person singular, middle voice)

  ○ "구하다"라는 의미의 동사로, 명령법 2인칭 단수 형태로 사용
되어 "구하소서"라는 뜻입니다.

  ○ 이 동사는 중간태와 능동태 사이의 의미를 지닙니다. 주어가
자신에게 이익이 되는 행위를 수행하거나, 주어가 간접적으로
관여하는 경우 사용됩니다. 여기서 중간태 명령법은 하나님께
서 주체가 되어 구출해 주실 것을 간구하는 의미로 사용되었
습니다.

▶ 예문 : ῥῦσαι ἡμᾶς(뤼사이 헤마스, rhysai hēmas) - "우리를 구하소서"

  ○ ῥῦσαι(뤼사이, rescue, 구하다), ἡμᾶς(헤마스, us, 우리를)

③ ἡμᾶς(hēmas, 헤마스)

▶ 뜻 : 우리를(us)

▶ 문법 : 인칭 대명사, 복수, 목적격(Personal pronoun, plural, accusative)

  ○ 인칭 대명사로 "우리"를 의미하며, 목적격 형태입니다.

▶ 예문 : δὸς ἡμᾶς(도스 헤마스, dos hēmas) - "우리를 주시고"

  ○ δὸς(도스, give, 주다), ἡμᾶς(헤마스, us, 우리를)

④ ἀπὸ(apo, 아포)

▶ 뜻 : ~로부터(from, away from)

▶ 문법 : 전치사, 속격(Preposition, genitive)

○ "~로부터"를 의미하는 전치사로, 속격 형태의 명사 "πονηροῦ(포네루, ponērou, 악)"와 함께 사용됩니다.

○ 이 전치사는 보통 "출처" 또는 "기원"을 나타냅니다. 여기서는 "악으로부터"의 의미입니다. 하나님께서 악으로부터 우리를 보호하시기를 간구하는 의미가 됩니다.

▶ 예문 : ἀπὸ τοῦ οἴκου(아포 투 오이쿠, apo tou oikou) - "집으로부터"

○ ἀπὸ(아포, from, ~로부터), τοῦ(투, the, 그), οἴκου(오이쿠, house, 집)

⑤ **τοῦ**(tou, 투)

▶ 뜻 : 그(the)

▶ 문법 : 정관사, 남성, 단수, 속격
   (Definite article, masculine, singular, genitive)

○ 정관사로 "그"를 의미하며, 속격 형태로 형용사 "πονηροῦ(포네루, ponērou, 악한)"를 수식합니다.

▶ 예문 : τοῦ ἀνδρός(투 안드로스, tou andros) - "그 남자의"

○ τοῦ(투, the, 그), ἀνδρός(안드로스, of the man, 그 남자의)

⑥ **πονηροῦ**(ponērou, 포네루)

▶ 뜻 : 악한, 악(evil, wicked)

▶ 문법 : 형용사, 남성, 단수, 속격
   (Adjective, masculine, singular, genitive)

○ "악한" 또는 "악"을 의미하는 형용사로, 속격 형태입니다.

○ 문맥에 따라 "악한 자" 또는 "악" 그 자체를 의미할 수 있습니다. 즉, 이 기도가 그 모든 악으로부터 보호받기를 바라는 강력한 청원임을 나타냅니다.

▶ 예문 : ἀπὸ τοῦ πονηροῦ(아포 투 포네루, apo tou ponērou) – "악으로부터"

○ ἀπὸ(아포, from, ~로부터), τοῦ(투, the, 그), πονηροῦ(포네루, evil, 악한)

⑦ 직역 : 그러나 우리를 악으로부터 구해주소서
의역 : 다만 악에서 구해주소서

11) ὅτι σοῦ ἐστιν ἡ βασιλεία καὶ ἡ δύναμις
나라와 권세가 ~있사옵나이다

- 헬라어 : ὅτι   σοῦ   ἐστιν   ἡ βασιλεία   καὶ   ἡ δύναμις

- 발음   : hoti   sou   estin   hē basileia   kai   hē dynamis
  - 호티   수   에스틴   헤 바실레이아   카이   헤 뒤나미스

- 뜻   : because   your   is   the kingdom   and   the power
  - 왜냐하면   당신의   ~이다   그 나라   그리고   그 권세

- 해석   : 나라와 권세가 ~있사옵나이다.

① **ὅτι**(hoti, 호티)

▶ 뜻 : 왜냐하면, ~이기 때문에(for, because)

▶ 문법 : 접속사(Conjunction)

   ○ "왜냐하면"을 의미하는 접속사입니다.

   ○ 이 접속사는 뒤에 오는 구절이 앞의 기도와 연결되어 있다는 의미를 나타냅니다. 이 구절에서는 "나라와 권세가 하나님께 속해 있기 때문에"라는 의미를 함축하고 있습니다.

▶ 예문 : ὅτι ἡ βασιλεία(호티 헤 바실레이아, hoti hē basileia) - "왜냐하면 왕국은"

   ○ ὅτι(호티, for, 왜냐하면), ἡ βασιλεία(헤 바실레이아, the kingdom, 왕국)

② **σοῦ**(sou, 수)

   ▶ 뜻 : 당신의(your)

   ▶ 문법 : 소유 대명사, 단수, 속격(Possessive pronoun, singular, genitive)

      ○ "당신의"를 의미하는 소유 대명사입니다.

   ▶ 예문 : σοῦ ἐστιν(수 에스틴, sou estin) – "당신의 것이다"

      ○ σοῦ(수, your, 당신의), ἐστιν(에스틴, is, 있다)

③ **ἐστιν**(estin, 에스틴)

   ▶ 뜻 : ~이다, 있다(is, are)

   ▶ 문법 : 동사, 3인칭 단수, 직설법, 현재형

         (Verb, 3rd person singular, indicative, present)

      ○ "있다"를 의미하는 동사입니다.

   ▶ 예문 : βασιλεία ἐστιν(바실레이아 에스틴, basileia estin) – "왕국은 있다"

      ○ βασιλεία(바실레이아, kingdom, 왕국), ἐστιν(에스틴, is, 있다)

④ **ἡ**(hē, 헤)

   ▶ 뜻 : 그(the)

   ▶ 문법 : 정관사, 여성, 단수, 주격

         (Definite article, feminine, singular, nominative)

   ▶ 예문 : ἡ βασιλεία(헤 바실레이아, hē basileia) – "그 왕국"

      ○ ἡ(헤, the, 그), βασιλεία(바실레이아, kingdom, 왕국)

⑤ **βασιλεία**(basileia, 바실레이아)

▶ 뜻 : 왕국, 나라(kingdom)

▶ 문법 : 명사, 여성, 단수, 주격(Noun, feminine, singular, nominative)

  ○ "나라/왕국"을 의미하는 명사입니다.

▶ 예문 : ἡ βασιλεία τοῦ Θεοῦ(헤 바실레이아 투 테우, hē basileia tou The

    ou) - "하나님의 나라"

  ○ ἡ(헤, the, 그), βασιλεία(바실레이아, kingdom, 왕국), τοῦ Θεοῦ(투 테

    우, of God, 하나님의)

⑥ **καὶ**(kai, 카이)

▶ 뜻 : 그리고(and)

▶ 문법 : 접속사(Conjunction)

  ○ "그리고"를 의미하는 접속사입니다.

▶ 예문 : καὶ ἐγώ(카이 에고, kai egō) - "그리고 나도"

  ○ καὶ(카이, and, 그리고), ἐγώ(에고, I, 나)

⑦ **ἡ δύναμις**(hē dynamis, 헤 뒤나미스)

▶ 뜻 : 권세, 힘(power)

▶ 문법 : 명사, 여성, 단수, 주격(Noun, feminine, singular, nominative)

  ○ "권세"를 의미하는 명사입니다.

▶ 예문 : ἡ δύναμις τοῦ Θεοῦ(헤 뒤나미스 투 테우, hē dynamis tou Theou)

    - 하나님의 권세"

○ ἡ(헤, the, 그), δύναμις(뒤나미스, power, 권세), τοῦ Θεοῦ(투 테우, of God, 하나님의)

⑧ 직역 : 왜냐하면 당신의 것이 나라와 권세이기 때문입니다
의역 : 나라와 권세가 당신의 것입니다.

‖‖

※ 헬라어 문법 지식 넓히기 : 주어와 동사의 일치

1. 헬라어에서 주어와 동사의 일치

헬라어에서 주어와 동사는 성(남성, 여성, 중성), 수(단수, 복수), 격에 따라 일치해야 합니다. 일반적으로 주어가 단수일 때 동사도 단수, 주어가 복수일 때 동사도 복수 형태를 취합니다.

2. 예외적인 경우 : 중성 복수 주어와 단수 동사의 사용

구약 헬라어에서는 중성 복수 주어와 단수 동사를 사용하는 경향이 더 두드러지지만, 신약 헬라어에서는 중성 복수 주어와 복수 동사가 더 많이 사용됩니다.

- **<u>구약 헬라어</u> : 주어(중성 복수) + 동사(단수)**
- 신약 헬라어 : 주어(중성 복수) + 동사(복수)

예를 들어, "나무들이 초록색이다"를 구약 헬라어로 표현할 때 단수 동사가 사용됩니다.

- Τὰ δένδρα ἐστίν πράσινα(타 덴드라 에스틴 프라시나, 나무들이 초록색이다)
  - Τὰ δένδρα(타 덴드라) : 나무들, 중성, 복수, 주격(the trees)
  - ἐστίν(에스틴) : ~이다, 단수 동사(is)
  - πράσινα(프라시나) : 초록색의, 중성, 복수, 주격(green)

그러나 신약 헬라어에서는 복수 동사가 사용됩니다.

- Τὰ δένδρα εἰσί πράσινα(타 덴드라 에이시 프라시나, 나무들이 초록색이다)
  - Τὰ δένδρα(타 덴드라): 나무들, 중성, 복수, 주격(the trees)
  - εἰσί(에이시): ~이다, 복수 동사(are)
  - πράσινα(프라시나): 초록색의, 중성, 복수, 주격(green)

※ 헬라어에서 중성 복수 주어와 단수 동사를 사용하는 경우는 고전 헬라어에서 자주 나타나는 현상입니다. 이 규칙은 중성 복수 주어가 단일 개념이나 집합체로 여겨질 때 적용됩니다. 즉, 중성 복수 주어는 여러 개체로 이루어져 있지만, 그 개체들이 하나의 집합체로 취급될 때 단수 동사와 함께 사용됩니다.

하지만 헬라어가 시간이 지나 발전하면서 신약 헬라어(코이네 헬라어)에서는 중성 복수 주어와 복수 동사를 더 자주 사용하게 됩니다. 즉, 고전 헬라어에서 주로 사용되었던 단수 동사 대신, 신약 헬라어에서는 중성 복수 주어에 맞게 복수 동사를 사용하는 경향이 강해졌습니다.

3. 주기도문에서의 사용

주기도문의 "ἡ βασιλεία(헤 바실레이아, hē basileia, 그 나라)"와 "ἡ δύναμις(헤 뒤나미스, hē dynamis, 그 권세)"가 주어로 사용되었습니다. 이 두 단어는 모두 여성 단수 주어이기 때문에 "ἐστιν(estin)"이라는 단수 동사와 일치시켰습니다. 따라서, 이 문장은 헬라어의 일반적인 문법 규칙을 따르며, 주어와 동사가 성, 수, 격에서 일치하는 구조를 지닙니다.

12) καὶ ἡ δόξα εἰς τοὺς αἰῶνας. ἀμήν.
영광이 영원히. 아멘.

- 헬라어 : καὶ   ἡ δόξα   εἰς   τοὺς αἰῶνας.   ἀμήν.

- 발음 : kai   hē doxa   eis   tous aiōnas   amēn
          카이   헤 독사   에이스   투스 아이오나스 아멘

- 뜻   : and   glory   into   eternity, ages   truly, amen
         그리고   영광   ~로   영원, 세대들   진실로, 아멘

- 해석 : 영광이 영원히, 아멘

① ἡ δόξα(hē doxa, 헤 독사)

▶ 뜻 : 영광(glory)

▶ 문법 : 명사, 여성, 단수, 주격(Noun, feminine, singular, nominative)

  ○ "영광"을 의미하는 명사입니다.

  ○ 이 단어는 하나님의 영광, 즉 하나님께서 드러내시는 존엄과 권능을 의미하는 중요한 신학적 개념입니다.

▶ 예문 : ἡ δόξα τοῦ Θεοῦ(헤 독사 투 테우, hē doxa tou Theou) – "하나님의 영광"

  ○ ἡ(헤, the, 그), δόξα(독사, glory, 영광), τοῦ Θεοῦ(투 테우, of God, 하나님의)

② εἰς(eis, 에이스)

▶ 뜻 : ~로, ~에(into, to)

▶ 문법 : 전치사, 목적격(Preposition, accusative)

    ○ "~로", "~에"라는 방향성 또는 목적지를 나타냅니다. 예를 들어, "어디로 향하다" 또는 "어디에 이르다"라는 의미입니다.

    ○ "εἰς τοὺς αἰῶνας(에이스 투스 아이오나스)"는 특별한 구문으로, "세대들 속으로" 또는 "시간의 흐름 속으로"라는 의미가 있습니다. 이 뜻은 시간이 끝없이 이어진다는 개념을 담고 있어 "영원히"라는 의미로 해석됩니다. 신학적 또는 문학적 맥락에서는 이러한 표현이 매우 흔히 사용되며, 시간을 초월하는 무한함을 나타낼 때 적절한 표현이 됩니다.

▶ 예문 : εἰς τὴν πόλιν(에이스 텐 폴린, eis tēn polin) - "도시로"

    ○ εἰς(에이스, into, ~로), τὴν(텐, the, 그), πόλιν(폴린, city, 도시)

③ τοὺς αἰῶνας(tous aiōnas, 투스 아이오나스)

▶ 뜻 : 세대들, 영원(ages, eternity)

▶ 문법 : 명사, 남성, 복수, 목적격(Noun, masculine, plural, accusative)

    ○ "세대들, 영원"을 의미하는 명사입니다.

    ○ 이 구절에서는 "영원히"라는 의미로 해석되며, 지속적인 시간의 개념을 표현합니다. 즉, 복수 목적격 형태가 지속적인 시간의 개념을 강조하여, 하나님의 영광이 "영원무궁토록" 이어질 것이라는 의미를 전달하고 있습니다.

▶ 예문 : εἰς τοὺς αἰῶνας τῶν αἰώνων(에이스 투스 아이오나스 톤 아이오
논, eis tous aiōnas tōn aiōnōn) – "영원무궁토록"

  ○ εἰς(에이스, into, ~로), τοὺς(투스, the, 그), αἰῶνας(아이오나스, ages, 세
  대들), τῶν(톤, of the, 그), αἰώνων(아이오논, ages, 세대들)

④ ἀμήν(amēn, 아멘)

▶ 뜻 : 진실로, 아멘(truly, amen)

▶ 문법 : 감탄사(Interjection)

  ○ "진실로, 아멘"을 의미하는 감탄사입니다.

▶ 예문 : ἀμήν(아멘, amēn) – "아멘"

  ○ ἀμήν(아멘, truly, 진실로)

⑤ 직역 : 그리고 영광이 영원히. 아멘.
  의역 : 영광이 영원히. 아멘.

|||||||||||||||||||||||||||||||||||||||||||||||||||||||||||||||||||||||||||||||||||||||||||||||||||||||||||||||||||||||||||||||||||||||

※ 헬라어 문법 지식 넓히기 : δόξα(독사, glory, 영광)의 다양한 쓰임

"δόξα(독사)"는 성경에서 매우 중요한 신학적 개념으로, 다양한 문맥에
서 사용되며 하나님의 존엄, 권능, 영광을 나타냅니다. 이 단어는 주로
다음과 같은 방식으로 성경에서 사용됩니다.

1. 하나님의 영광(God's Glory)

"δόξα(독사)"는 하나님의 본질적인 속성으로, 하나님의 존재와 행위를 통해 나타내는 위엄과 권능을 의미합니다. 이 영광은 하나님이 만물의 창조주이자 통치자로서 가지는 절대적인 권위와 명예를 상징합니다. 예를 들어, 출애굽기 24장 16절에서 하나님의 영광이 시내산 위에 머물렀다고 기록되어 있는데, 이것은 하나님의 임재와 위엄을 나타냅니다.

- "καὶ ἐκάλυψεν ἡ δόξα Κυρίου τὸ ὄρος Σινᾶ"(카이 에칼륍센 헤 독사 퀴리우 토 오로스 시나, kaì ekálypsen hē dóxa Kyríou tò óros Sinâ)
  - 뜻 : "그리고 주의 영광이 시내 산을 덮었다."

2. 예수 그리스도의 영광(Glory of Jesus Christ)

"δόξα(독사)"는 예수 그리스도에게도 적용되며, 예수님의 신성과 능력을 나타냅니다. 특히 예수님의 변모 사건(마태복음 17:2)에서 예수님의 영광이 제자들에게 나타납니다. 또한, 요한복음 1장 14절에서 예수님의 성육신을 언급할 때, 예수의 영광이 아버지의 영광과 같다고 말하는 부분이 나옵니다.

- "καὶ ἐθεασάμεθα τὴν δόξαν αὐτοῦ, δόξαν ὡς μονογενοῦς παρὰ πατρός"(카이 에테아사메타 텐 독산 아우투, 독산 호스 모노게누스 파라 파트로스, kaì etheasámetha tḕn dóxan autoû, dóxan hōs monogenous parà patrós)
  - 뜻 : "우리는 그의 영광을 보았으니, 아버지의 독생자의 영광과 같더라."

3. 미래의 영광(Future Glory)

"δόξα(독사)"는 또한 성도들이 하나님과 함께 영원히 누리게 될 미래의 영광을 나타냅니다. 이 영광은 하나님께서 성도들에게 약속하신 영원한 복락과 존귀를 의미합니다. 로마서 8장 18절에서 바울은 현재의 고난이 장차 나타날 영광과 비교할 수 없음을 말합니다.

- "τὰ παθήματα τοῦ νῦν καιροῦ πρὸς τὴν μέλλουσαν δόξαν"(타 파데마타 투 눈 카이루 프로스 텐 멜루산 독산, tà pathḗmata toû nûn kairoù pròs tền méllousan dóxan)
  - 뜻 : "현재의 고난들은 장차 우리에게 나타날 영광과 비교할 수 없도다."

4. 하나님께 돌려지는 영광(Glory Given to God)

"δόξα(독사)"는 하나님께 돌려지는 찬양과 경배를 의미하기도 합니다. 성도들이 하나님의 위대하심을 인정하고 하나님께 영광을 돌리는 것이 마땅하다는 의미로 사용됩니다. 예를 들어, 로마서 11장 36절에서 "모든 영광이 하나님께 돌려지도록"이라는 구절이 있습니다.

- "ᾧ ἡ δόξα εἰς τοὺς αἰῶνας"(호 헤 독사 에이스 투스 아이오나스, hōi hē dóxa eis toùs aiônas)
  - 뜻 : "하나님께 영광이 영원히 있을지어다."

2장

주기도문,
신학적 의미

서두 ”하늘에 계신 우리 아버지“는 주기도문의 기초를 마련한 것이며,
우리가 하나님에 대해 무엇보다 먼저 알아야 할 것입니다.

"The preface 'Our Father' lays a general foundation for prayer,
comprising what we must first know of God."

- C.S. 루이스(C.S. Lewis) -

주 : C.S. 루이스 (C.S. Lewis)는 20세기 영국의 저명한 작가이자 기독교 학자입니다. 루이스는 옥
스퍼드와 케임브리지 대학에서 중세 및 르네상스 문학을 가르쳤으며, 《나니아 연대기》 시리
즈를 비롯한 다양한 문학 작품으로 널리 알려져 있습니다. 루이스는 주기도문의 서두가 하나
님과의 관계를 이해하는 데 중요한 역할을 한다고 보았습니다.

1. 예수님께서 가르치신 경계해야 할 기도

예수님께서는 주기도문을 가르치시기에 앞서 마태복음 6장 5절부터 9절까지는 외식하는 자들의 기도와 중언부언하는 기도에 대해 경계하는 말씀을 하십니다.

마태복음 6장

5 또 너희는 기도할 때에 외식하는 자와 같이 하지 말라 그들은 사람에게 보이려고 회당과 큰 거리 어귀에 서서 기도하기를 좋아하느니라 내가 진실로 너희에게 이르노니 그들은 자기 상을 이미 받았느니라

6 너는 기도할 때에 네 골방에 들어가 문을 닫고 은밀한 중에 계신 네 아버지께 기도하라 은밀한 중에 보시는 네 아버지께서 갚으시리라

7 또 기도할 때에 이방인과 같이 중언부언하지 말라 그들은 말을 많이 하여야 들으실 줄 생각하느니라

8 그러므로 그들을 본받지 말라 구하기 전에 너희에게 있어야 할 것을 하나님 너희 아버지께서 아시느니라

9 그러므로 너희는 이렇게 기도하라 하늘에 계신 우리 아버지여 이름이 거룩히 여김을 받으시오며

외식(겉만 보기 좋게 꾸미어 드러내는 것)하는 기도는 겉으로는 경건해 보이지만, 실상은 사람들에게 보이기 위한 기도입니다. 이런 기도는 하나님과 진실한 관계를 맺기보다, 인간의 인정을 추구하는 기도입니다. 기도는 겸손한 마음에서 우러나와야 하나님과의 친밀한 대화가 가능해집니다.

또한, 중언부언(이미 한 말을 자꾸 되풀이하는 것)하는 기도는 하나님과의 관계보다는 형식에 더 중점을 둔 기도라고 볼 수 있습니다. 중언부언하는 기도는 말 그대로 의미 없이 같은 말을 반복하는 기도입니다.

반복적인 기도 의식을 치르는 그 마음의 저변에는, 결국 외형적인 반복을 통해 의식을 완수하려는 태도가 숨어 있습니다. 경계해야 할 것은 기도의 양이나 반복 횟수가 하나님의 응답을 이끌어 낼 수 있다고 믿게 만든다는 것입니다. 인간의 노력이 하나님의 응답을 보장하는 것은 아닙니다.

예수님 시대의 유대인들은 엄격한 기도 규율을 따라야 했으며, 종종 사람들에게 보이기 위한 기도를 드리곤 했습니다. 예수님은 이러한 행위가 기도의 본질을 왜곡시킨다고 지적하셨습니다.

기도의 본질은 말의 반복이나 형식적인 행위에 있지 않습니다. 오직 하나님과의 진정한 교제가 이루어지고, 우리의 마음과 뜻을 하나님께 내어놓을 때 기도의 본질이 살아납니다. 예수님께서 가르쳐주신 주기도문은 이러한 기도의 본질을 잘 보여줍니다. 주기도문은 하나님과의 친밀한 대화를 중심으로 하며, 우리의 필요를 아버지께 겸손히 아뢰고, 하나님의 뜻을 구하는 기도입니다.

주기도문은 외식과 중언부언을 피하라는 예수님의 가르침에 완벽하게 부합하는 기도입니다. 주기도문은 간결하고, 의미가 깊으며, 하나님을 향한 경외와 신뢰가 있습니다. 주기도문은 우리가 기도할 때 무엇보다도 하나님의 이름이 거룩히 여김을 받기를 구하고, 하나님의 뜻이 이루어지기를 간구하는 기도의 본보기가 됩니다. 이렇듯 예수님께서는 우리에게 살아 있는 기도의 본을 보이셨습니다. 이것이 예수님께서 가르쳐주신 기도, 곧 주기도문입니다.

후토스　　　운　　　프로슈케스데　　　휘메이스

οὕτως οὖν προσεύχεσθε ὑμεῖς·

in this way therefore　　　pray　　　ye

이렇게　그러므로　기도하라　너희는

'그러므로 너희는 이렇게 기도하라'(마태복음 6:9) 이 구절에서 '그러므로(운, οὖν, therefore)'라는 말은 기존의 형식적이고 외식적인 기도에서 벗어나도록 가르치십니다. 그리고 '이렇게(후토스, οὕτως, in this way)'라는 표현을 통해 이후에 가르치실 주기도문이 기도의 참된 본질을 깨우쳐 줄 것이라는 걸 보여주십니다.

이 주기도문에 대해 글래드(Benjamin L. Gladd) 교수는 중요한 주석을 남겼습니다. 주기도문이 두 복음서(마태복음과 누가복음)에 나타나는데 예수님이 이 기도를 여러 번 전달했을 가능성이 있다는 것입니다. 주기도문은 복음서에 따라 약간의 차이가 있는데, 예수님은 이러한 차이를 둠으로써, 주기도문이 개개인의 삶에 깊이 적용될 수 있도록 가르쳐 주셨다는 것입니다.

교회사를 보면 주기도문은 세례를 받은 신자들에게만 허락된, 신성한 가치를 지닌 기도였습니다. 초기 교회의 문헌 중 하나인 「12 사도의 교훈집」을 살펴보면, 세례에 관한 논의(7장) 이후에 주기도문(8장)과 성찬식(9장, 10장)이 언급됩니다. 이로 미루어 보아, 주기도문과 성찬식은 세례를 받은 신자들에게만 허락된 특별한 예식이었음을 추측할 수 있습니다.

---

12 사도의 교훈집(Didache, 디다케)

7장 (세례에 대한 지침)

● 주요 구절

 – "세례는 이 이름으로 진행되어야 한다 : 아버지, 아들, 성령의 이름으로"

8장 (금식과 기도에 대한 지침)

● 주요 구절

 – "유대인들처럼 금식하지 말고, 우리 주님의 기도를 하라"

9장, 10장 (성찬식에 대한 지침)

● 주요 구절

－ "이 빵은 주님의 몸을 상징한다" (9장)

－ "우리를 생명의 자리로 불러주신 주님께 감사드린다" (10장)

'기도하라(프로슈케스데, προσεύχεσθε)'는 현재 명령형으로 쓰여 있으며, 이것은 쉬지 말고 계속 기도하라는 의미입니다. 쉬지 말고 주기도문을 암송하라는 뜻이라기보다 항상 하나님과 교제하는 삶을 살라는 뜻을 담고 있다고 보아야 합니다.

주기도문이 중요한 이유는 신앙의 핵심 가르침을 담고 있기 때문입니다. 이 기도는 하나님과의 관계, 우리의 필요, 그리고 하나님 나라의 도래를 간구하는 내용을 포함하고 있으며, 기도하는 이의 삶에 깊이 뿌리내려야 할 신앙적 가치들을 담고 있습니다. 초대 교회의 교부들은 주기도문을 기독교 신앙의 요약이라고 생각했습니다. 예를 들어, 아우구스티누스(354-430, 북아프리카 히포의 주교이자 기독교 신학자)는 주기도문이 그리스도인의 삶에서 추구해야 할 모든 덕목을 포함하고 있다고 말했습니다. 이러한 해석은 주기도문이 외식하는 기도가 아닌, 삶의 지침이 되는 기도임을 보여줍니다.

2. 주기도문의 형식

옥스퍼드 원어 성경 대전(Oxford Bible Concordance)에서 언급된 바와 같이, 주기도문은 구조적으로 매우 탁월한 기도문입니다. 이 기도문이 예수님께서 직접 가르쳐주신 기도라는 점에서, 그리고 그 안에는 신앙 고백, 찬양, 호소, 간구 등 다양한 기도의 요소가 균형 있게 포함되어 있다는 점에서 탁월한 기도라고 볼 수 있습니다.

- **서언 :** 하늘에 계신 하나님을 "아버지"라 부르며 친밀한 관계를 맺는 것으로 시작

- **본론 :** 송축과 간구

  전반부 – 하나님께 드리는 세 가지 송축

  1. 하나님의 이름이 거룩히 여김을 받기를 기도
  2. 하나님의 나라가 임하기를 간구
  3. 하나님의 뜻이 하늘에서와 같이 땅에서도 이루어지기를 구함

후반부 - 인간의 필요를 위한 세 가지 간구

  1. 우리의 일용할 양식을 주시기를 간구

  2. 우리의 죄를 사하여 주시기를 청함

  3. 우리를 시험에 들지 않게 하시고, 악에서 구해주시기를 요청

● **결언 :** 기도의 마지막은 하나님의 권능과 영광을 찬양하며 신앙
    고백으로 마무리

주기도문은 하늘에 계신 하나님을 "아버지"라 부르며 친밀한 관계를 맺는 것에서부터 시작합니다. 마치 한 어린아이가 아버지와 산책을 하며 아버지의 손을 꼭 잡고 있다가 "아빠"라고 부르는 듯한 모습이 연상됩니다. 이에 아버지께서 아이의 부름에 응답하시는 모습이 떠오릅니다.

본론의 전반부에서는 아버지를 위해 세 가지를 송축(경사를 기리고 축하하는 것)하는 기도가 나옵니다. 하나님 아버지의 이름이, 하나님 아버지의 나라가, 하나님 아버지의 뜻이 온전하게 이루어지기를 간구하는 기도입니다. 본론의 후반부에서는 인간을 위한 세 가지 간구의 기도를 드립니다. 매일 필요한 양식, 우리의 죄 용서, 그리고 유혹과 악으로부터 보호해 달라는 간구입니다.

주기도문의 마지막은 하나님 아버지를 향한 신앙 고백과 찬양이 장식

합니다. 하나님의 나라와 권세와 영광이 영원히 지속되기를 바라는 찬양, 그리고 하나님께 모든 영광을 돌리는 마음의 신앙 고백으로 마무리를 하게 됩니다. 예수님께서 가르쳐주신 주기도문은 한 편의 드라마틱한 우주의 대서사시가 짧게, 그리고 강렬하게 표출된 기도의 모범이라 보지 않을 수 없습니다.

3. 주기도문의 신학적 의미

1) 하늘에 계신 우리 아버지여

파테르　헤몬　호 엔　토이스　우라노이스

Πάτερ ἡμῶν ὁ ἐν τοῖς οὐρανοῖς

Father　our　which art in　the　heaven

아버지여　우리　계신　에　그　하늘

원문을 그대로 번역하면 우리 말의 어순과는 조금 다릅니다.

- 우리말 : 하늘에, 계신, 우리, 아버지여
- 원 문 : 아버지여, 우리, 계신, 하늘에

우리의 기도를 받으시는 '아버지'를 직접적으로 불러 강조한 것이 원문이라면, 우리말로 번역된 구절은 어순에 따라 '아버지'가 문장 마지막에 위치하고 있습니다. 헬라어 원본의 참맛을 살리려면 다음과 같이 해석할 수도 있겠습니다.

● 우리 아버지여! 하늘에 계신 분

놀라운 점은 주기도문에서 기도의 대상이 되시는 하나님을 '아버지'라 칭한 것입니다. 예수님 당시의 유대교에서는 하나님을 매우 경외하고 거룩한 존재로 여겼습니다. 하나님을 직접적으로 부르는 것은 매우 신중하게 행해졌으며, 하나님의 이름을 사용하는 것조차 매우 엄격하게 제한되었습니다. 이러한 맥락에서 하나님을 친밀하게 '아버지'라고 부르는 것은 매우 혁신적인 접근이었습니다. 따라서 하나님의 거룩함과 위엄을 강조하는 유대교의 전통 속에서 하나님을 '아버지'라 부르는 것은 사람들에게 새로운 관점과 큰 변화를 안겨준 놀라운 일이었다는 것을 알 수 있습니다.

하나님을 '아버지'로 표현한 구약

- 신명기 32:6 어리석고 지혜 없는 백성아 여호와께 이같이 보답하느냐 그는 네 **아버지시요** 너를 지으신 이가 아니시냐 그가 너를 만드시고 너를 세우셨도다

- 이사야 63:16 주는 **우리 아버지시라** 아브라함은 우리를 모르고 이스라엘은 우리를 인정하지 아니할지라도 여호와여, 주는 **우리의 아버지시라** 옛날부터 주의 이름을 우리의 구속자라 하셨거늘

- 예레미야 3:4 네가 이제부터는 내게 부르짖기를 **나의 아버지여** **아버지는** 나의 청년 시절의 보호자이시오니

- 말라기 1:6 내 이름을 멸시하는 제사장들아 나 만군의 여호와가 너희에게 이르기를 아들은 **그 아버지를**, 종은 그 주인을 공경하나 니 **내가 아버지일진대** 나를 공경함이 어디 있느냐

예수님은 하나님과의 관계를 더욱 친밀하고 개인적인 것으로 만들어, '아버지'라는 호칭에 더 깊은 정서적 연결 고리를 부여했습니다. 예수님은 "영접하는 자 곧 그 이름을 믿는 자들에게는 하나님의 자녀가 되는 권세를 주셨으니(요 1:12)"라고 말씀하시면서 하나님과 인간과의 관계를 더욱 가깝게, 하나님과 더욱 친밀하게 교제할 수 있는 길을 열어주셨습니다.

그리고 아버지는 '나'만의 아버지가 아닌 '우리(ἡμῶν, 헤몬)'의 아버지입니다. '우리 아버지'는 횡적인 관계에 초점이 맞추어져 있습니다. 기독교 신앙은 개인적인 신앙 고백이 아닌, 공동체의 일원으로서의 고백입니다. 이러한 점에서 주기도문은 공동체의 일치와 화합을 촉진하는 중요한 역할을 했다고 볼 수 있습니다.

예수님은 하나님을 '하늘에 계신' 분으로 가르치십니다. 하나님은 거룩하고 고결하신 분이며, 현실을 초월한 곳에 계시고, 하나님으로서의 권

위와 위엄을 가지신 분으로 나타냅니다. 동시에 '하늘'은 하나님의 영적인 권역을 나타냅니다. 즉, 우리가 지향해야 할 신성한 세계입니다. '하늘'은 하나님의 통치와 권능이 완전하게 실현되는 곳이며, 하나님의 의지가 완전히 이루어지는 장소이기도 합니다.

이런 의문이 들 수도 있습니다. 하나님은 하늘에만 계신 분인가? 미국의 성경학자 웨인 그루뎀은 『Systematic Theology』에서 "하나님은 피조물들과 함께 계시며, 피조물들이 있는 모든 곳에 동시에 계신다. 이것은 하나님의 편재성(遍在性, Omnipresence, 널리 펴져 있음)을 의미한다."라고 말했습니다. 영국의 성경학자 N.T. 라이트는 『Knowing God』에서 "예수 그리스도의 성육신은 하나님이 인간의 형태로 이 땅에 오셔서 우리와 함께 하신다는 것을 보여준다. 이것은 곧 하나님이 우리와 함께 하신다는 것을 증명한다."라고 말합니다. 또한, 영국의 신학자 J.I. 패커는 『Knowing God』에서 "성령님은 하나님께서 지금 이곳에 계시다는 증거이다. 성령님은 우리와 함께 하시며, 우리를 인도하고 위로하신다."라고 말합니다.

시편 기자는 139:7-10에서 "내가 주의 영을 떠나 어디로 가며 주의 앞에서 어디로 피하리이까 내가 하늘에 올라갈지라도 거기 계시며 스올에 내 자리를 펼지라도 거기 계시니이다."라고 말합니다. 그리고 예레미야 23:24에는 "여호와의 말씀이니라 나는 천지에 충만하지 아니하냐"라고 직접 말씀하신 기록도 있습니다.

이렇듯 하나님께서 하늘에 계신다는 것은 하나님의 위엄과 거룩함을 나타내지만, 이것이 하나님은 땅에서 활동하지 않으신다는 의미는 아닙니다. 성경과 성경 학자들은 하나님의 편재성, 성육신, 성령님의 임재를 통해 이 땅에서도 존재하시며, 우리와 함께 하신다는 것을 말합니다. 이러한 관점에서, 우리는 중언부언하는 기도와 외식하는 기도를 피하고, 어디에나 계신 하나님과의 진실한 소통을 추구하는 참된 기도를 드려야 할 것입니다.

2) 이름이 거룩히 여김을 받으시오며

하기에스데토   토   오노마   수
$$\dot{\alpha}\gamma\iota\alpha\sigma\theta\acute{\eta}\tau\omega \quad \tau\grave{o} \quad \ddot{o}\nu o\mu\acute{\alpha} \quad \sigma o\upsilon$$
Hallowed be   name   thy
거룩히 여김을 받으시오며   이름이   (당신의)

한글 개역 성경에서는 '당신(수, σου)'의 번역을 생략했지만, 이를 번역에 포함시키는 것이 원문에 더 충실한 해석입니다. 주기도문에는 총 여섯 가지의 기원이 나옵니다. 전반부 세 가지 기원에는 모두 '당신(수, σου)'이란 단어가 나오고, 후반부 세 가지 기원에는 '우리(헤몬, ἡμῶν)'라는 단어가 나옵니다.

성경에서 '이름(오노마, ὄνομά)'은 호칭을 넘어서 그 사람의 존재와 본질, 성격, 신분을 나타내는 중요한 의미를 지니고 있습니다. 예를 들어, '여호와 닛시(Jehovah-Nissi)'는 '주님은 나의 깃발'을 의미하며, 이스라엘 백성을 전투에서 승리로 이끈 하나님을 상징합니다. '여호와 샬롬(Jehovah-Shalom)'은 '평화의 주님'을 의미합니다.

이름의 의미

창세기에 나오는 아담으로부터 이어지는 인물들의 이름을 해석해 연결하면 하나의 메시지 또는 예언적인 문장이 됩니다. 이 해석은 주로 히브리어 이름의 의미를 기반으로 합니다.

- 아담 (Adam) : "사람, 인간"
- 셋 (Seth) : "지명된, 지정된"
- 에노스 (Enosh) : "연약한, 죽을 운명의 인간"
- 게난 (Kenan) : "슬픔, 애도"
- 마할랄렐 (Mahalalel) : "하나님을 찬양하다"
- 야렛 (Jared) : "내려오다, 강림하다"
- 에녹 (Enoch) : "가르치다, 헌신된"
- 므두셀라 (Methuselah) : "그가 죽으면 보내질 것이다"
- 라멕 (Lamech) : "절망적인"
- 노아 (Noah) : "안식, 위로"

이 이름들을 문장으로 연결하면 "사람이 지명되었고, 연약한 인간은 슬픔을 겪으나, 하나님을 찬양할 것이다. 하나님의 강림으로 가르침을 받을 것이며, 그가 죽으면 보내질 것이다. 절망적인 이에게는 안식이 있을 것이다." 이것은 예수 그리스도의 강림과 구속의 메시지를 예언적으로 암시한다고 해석되기도 합니다.

'거룩히 여김을 받으시오며'를 뜻하는 '하기에스데토(ἁγιασθήτω)'는 '거룩하다'는 뜻의 '하기오스(ἅγιος)'의 명령형 부정과거 수동태입니다.

'하기오스(ἅγιος)'는 형용사이지만 '하기에스데토(ἁγιασθήτω)'는 동사입니다. 시제는 과거입니다. 부정과거에서 '부정'이라는 용어는 '완결된 동작'을 나타내며, 특정한 시점에 한 번 일어난 사건을 의미합니다. 즉, 과거에 발생한 사건이나 상태가 반복적이거나 지속적인 것이 아니라, 한 차례만 일어났음을 나타냅니다.

> **명령형 부정과거 수동태**
>
> 명령형 부정과거 수동태를 '신적 수동태'라고 부르기도 합니다. 신적 수동태란 그 행위의 주체가 되는 분은 하나님이라는 뜻을 내포하고 있습니다.

그리고 '하기에스데토(ἁγιασθήτω)'의 태는 수동태입니다. 여기에 쓰인 수동태를 '신적 수동태'라고 합니다. 신적 수동태에서 그 행위의 주체는 인간이 아닌 하나님 자신이십니다. 즉, 인간이 하나님을 거룩하게 하는 것이 아니라, 하나님께서 스스로 당신의 거룩함을 드러내신다는 뜻입니다.

마지막으로 '하기에스데토(ἁγιασθήτω)'는 '거룩하게 되어라'라는 명령의 의미를 담고 있습니다. 따라서 '하기에스데토'는

- 명령형 : '하기에스' → '거룩하라'

- 부정과거 : '데토' → 과거의 어느 한 시점에 '거룩하였어라'

- 수동태 : 주체는 하나님 → 과거에 이미 스스로(하나님이 하나님에 의해)
  '거룩하여졌어라'

따라서 이 구절의 문장을 자연스러운 우리말로 표현하면 '당신의 이름이 거룩히 여김을 받으소서'가 됩니다. 하나님께서는 스스로 거룩하심을 드러내시고, 우리는 그런 하나님의 이름을 경외하며 찬양합니다.

3) 나라가 임하오시며

엘세토　　헤　　바실레이아　　수
ἐλθέτω ἡ βασιλεία σου
come　　　　　kingdom　　Thy
임하시오며　　　　나라가　　　(당신의)

주기도문의 두 번째 기원입니다. 우리말로 옮기면 '당신의 나라가 오게 하소서'가 됩니다. 한글 개역 성경에서는 '당신(수, σου)'을 해석하지 않았습니다. 그러나 '임하여 주시기를 바라는 나라'가 바로 '하나님의 나라'임을 확실히 하기 위해, 'σου(수)'를 번역에 포함시키는 것이 좋습니다.

하나님의 나라와 이 땅

- '천국(Kingdom of Heaven)'은 예수님의 가르침에서 사용되는 개념으로 천국은 현재 우리가 살고 있는 물리적 세계를 초월하는 영적 차원을 나타냅니다. 천국은 완전하고, 영원하며, 하나님의 사랑과 정의가 완전히 실현되는 장소로 묘사됩니다.

- **하나님의 나라(Kingdom of God)'**는 하나님의 권위와 통치가 이루어지는 영역을 의미하며, 하나님의 주권이 인정되고 하나님의 뜻이 이루어지는 나라를 의미합니다.

- **'이 땅(Earth)'**은 우리가 현재 살고 있는 물리적 세계를 의미합니다. 이 땅은 하나님의 나라가 완전히 실현되지 않은 상태이며, 불완전함과 죄의 영향을 받는 곳입니다.

- 성경은 하나님의 나라가 이 땅에서도 실현될 것이라고 가르칩니다. 우리는 이 땅에서 하나님의 뜻을 실천함으로써 하나님의 나라를 확장하는 데 기여 할 수 있습니다.

'나라(바실레이아, βασιλεία)'는 하나님이 통치하시는 영역을 의미합니다. 이 영역은 지리적 영역을 넘어선 하나님의 권능과 주권이 온전히 실현되는 영역이며, 영적인 실재의 영역입니다. 하나님의 나라는 하나님의 뜻이 온전히 이루어지는 곳으로 하나님의 사랑, 정의, 평화가 완전히 실현되는 곳입니다.

한편, '바실레이아(βασιλεία)'는 '나라'라는 뜻 외에도 '왕위'(눅 19:12,15)나 '통치'(고전 15:24) 그리고 '권세'(계 17:12)처럼 쓰이기도 합니다. 본절에서는 하나님의 '통치'가 이루어지는 나라(왕국)가 임하기를 기원하고 있다는 뜻으로 해석하는 것이 좋습니다.

βασιλεία (바실레이아)

- 누가복음 19:12 "이르시되 어떤 귀인이 **왕위**를 받아가지고 오려고..."

- 누가복음 19:15 "귀인이 **왕위**를 받아가지고 돌아와서 은화를 준..."

  ※ 이 구절에서 "βασιλεία (바실레리아)"는 **왕위**를 의미합니다. 한 귀인이 왕위(즉, 통치권)를 받아서 돌아오는 상황을 묘사하므로 "왕위"로 번역됩니다.

- 고린도전서 15:24 "그 후에는 마지막이니 그가 모든 **통치**와 모든 권세와 능력을 멸하시고 나라를 아버지 하나님께 바칠 때라"

  ※ 이 구절에서 "βασιλεία (바실레리아)"는 "**통치**"로 번역됩니다. 예수 그리스도가 모든 통치와 권세를 멸하고 하나님의 통치권을 강조하는 상황을 나타냅니다.

- 요한계시록 17:12: "네가 보던 열 뿔은 열 왕이니 아직 나라를 얻지 못하였으나 다만 짐승과 더불어 임금처럼 한동안 **권세**를 받으리라"

  ※ 이 구절에서 "βασιλεία (바실레리아)"는 "**권세**"로 번역됩니다. 열 왕이 아직 나라를 얻지 못했지만, 짐승과 함께 임금처럼 잠시 동안 권세를 받는다는 의미입니다.

주기도문의 두 번째 기원은 우리가 하나님의 통치와 주권이 이 세상에 온전히 임하기를 바라는 기도입니다. 예수님은 이 기도를 통해 우리에게 하나님의 나라가 이 땅에 실현되도록 기도할 뿐만 아니라, 그 나라의 일원이 되어 살아가기를 가르치셨습니다. 따라서 이 구절은 우리의 삶이 하나님의 뜻과 계획에 따라 변화되기를 바라는 깊은 소망이 담겨 있다고 볼 수 있습니다.

4) 뜻이 … 이루어지이다

게네데토   토   텔레마   수
γενηθήτω τὸ θέλημά σου
be done   will   thy
이루어지이다   뜻이   (당신의)

한글 개역 성경에서는 'σου(슈)'가 생략되었지만, 이 뜻이 '하나님의 뜻' 임을 밝히기 위해 '수(σου)'를 번역에 포함시키는 것이 좋습니다.

'텔레마(θέλημά)'는 "뜻", "의지", "목적"으로 번역되며, 특히 신의 의지 나 계획을 나타내는 데 사용됩니다. 텔레마(θέλημά)는 하나님의 전능하신 계획과 의지가 이 세상에서 어떻게 실현될지를 의미하며, 신학적으로는 하나님의 뜻이 인간의 삶에 미치는 영향력을 나타냅니다. 예를 들어, 에 베소서 1장 11절에서는 하나님의 뜻을 "하나님의 계획에 따라 행하시는 것"으로 설명하며, 로마서 12장 2절에서는 하나님의 뜻을 "선하시며, 기 쁘시며, 완전하신 것"으로 묘사합니다.

예수님은 겟세마네 동산에서 기도하실 때, 순종의 깊이를 보여주셨습니다. 예수님은 십자가의 고통과 하나님 아버지와의 분리에 대한 두려움으로 '이 잔이 내게서 지나가게 해 달라'고 기도하셨습니다. 그러나 동시에 예수님은 "내 뜻대로 마시고 아버지의 뜻대로 하소서"라고 기도하시며 하나님의 "뜻"에 대한 완전한 순종을 보이셨습니다. 여기에서 아버지의 뜻은 예수님이 십자가에 못 박히셔야 할 것과 부활을 통해 인류를 구원하는 계획을 의미한다고 볼 수 있습니다.

철학자, 신학자들은 하나님의 뜻을 다음과 같이 해석했습니다. 마틴 루터(Martin Luther, 신학자, 1483-1546)는 그의 저서 「종의 의지에 대하여」에서 '하나님의 뜻은 신비로운 것이며, 인간의 이해를 넘어선 것'이라고 주장했습니다. 쇠렌 키에르케고르(Søren Kierkegaard, 철학자/신학자, 1813-1855)는 자신의 책에서 인간의 자유 의지와 하나님의 뜻 사이의 긴장 관계에서 '하나님의 뜻'이 드러난다고 보았습니다.

키에르케고르가 본 하나님의 뜻

키에르케고르는 아브라함이 느꼈을 두려움과 떨림을 생생하게 묘사했습니다. 아브라함은 아들 이삭을 사랑했지만, 아들을 제물로 바치라는 하나님의 명령 앞에서 극심한 내적 갈등을 겪습니다. 아브라함은 이 명령이 도덕적으로나 인간적으로 얼마나 어려운지 잘 알면서도, 하나님에 대한 절대적인 신뢰를 통해 결국 하나님의 명령에 순종합니다.

키에르케고르는 아브라함의 이러한 행동을 '신앙의 도약'으로 설명했습니다. 신앙의 도약은 인간의 이성과 도덕적 판단을 초월하여 하나님에 대한 절대적인 신뢰 속으로 뛰어드는 것을 의미합니다. 아브라함은 이 도약을 통해 하나님의 뜻에 완전히 순종했습니다. 이것은 아브라함이 하나님에 대한 전적인 신뢰가 있지 않고서는 불가능한 일이었습니다.

디트리히 본회퍼(Dietrich Bonhoeffer, 신학자/목사, 1906-1945)는 그의 저서 「창조와 타락」에서 하나님의 창조적인 뜻이 인간의 타락으로 인해 왜곡되었음을 지적하며, 하나님의 구속적 뜻만이 이를 복원할 수 있다고 주장했습니다. 폴 틸리히(Paul Tillich, 신학자/철학자, 1886-1965)는 자신의 저서 「신학적 방법론」에서 하나님의 뜻을 인간 존재의 근본적 질문과 관련지어 해석했습니다.

폴 틸리히가 본 하나님의 뜻

폴 틸리히는 하나님의 뜻이 인간이 경험하는 근본적인 삶의 문제들과 직접적으로 관련이 있다고 보았습니다. 인간이 처한 실존적 상황, 즉 인간이 마주하는 삶의 도전과 고통, 의문과 갈망 등에 대한 신적 대응으로 이해했습니다. 예를 들어, 인간이 고립감이나 무의미함을 경험할 때, 틸리히는 이러한 경험이 하나님과의 관계에서 오는 심오한 갈증을 드러낸다고 해석합니다. 이러한 상황에서 하나님의 뜻은 인간이 이 공허함을 넘어설 수 있도록 도와주는 것으로 보았습니다.

마지막으로 볼프하르트 팬넨베르크(Wolfhart Pannenberg, 신학자, 1928-2014)는 그의 저서 「신학과 철학」에서 하나님의 뜻은 역사 속에서 점진적으로 드러난다고 보았습니다. 즉, 하나님의 뜻은 시간을 통해 완성되어 가는 과정이라고 주장했습니다.

팬넨베르크가 본 하나님의 뜻

팬넨베르크는 진리는 역사 속에서 점진적으로 이해되고 수용되는 것이라고 보았습니다. 즉, 초기의 신학적 이해가 시간이 지남에 따라 더욱 깊어지고 뚜렷해진다는 것을 의미합니다. 예를 들어, 예수 그리스도의 사역과 그 의미는 초기 기독교인들에게는 부분적으로 이해되었지만, 시간이 지나면서 교회의 신학적 반성 속에서 더 깊이 이해되었습니다.

더 나아가 역사적 사건들이 신학적 반성을 촉진하고, 신학적 이해가 역사를 통해 구체화 되었다고 보았습니다. 즉, 역사와 신학은 상호작용하며, 하나님의 뜻은 이러한 상호작용 속에서 점진적으로 드러난다고 보았습니다. 이것은 하나님의 뜻이 단번에 완전하게 주어지는 것이 아니라 역사를 통해 점진적으로 이해되고 실현된다는 것을 의미합니다.

마지막으로 '이루어지이다(게네데토, γενηθήτω)'는 명령형 부정과거 수동태로, 하나님의 뜻이 인간의 행위가 아닌 하나님 자신의 주권에 의해 이루어짐을 나타냅니다.

5) 하늘에서 이룬 것같이 땅에서도

호스	엔	우라노	카이	에피	게스
ὡς	ἐν	οὐρανῷ	καὶ	ἐπὶ	γῆς
as it is	in	heaven	(also)	in	earth
이룬것같이	에서	하늘	(도)	에서	땅

이 구절에서 '하늘(οὐρανῷ, 우라노)'은 하나님의 뜻이 완벽하게 실행되는 영역, 즉 신적 질서와 거룩함이 완전히 실현된 장소를 의미합니다. 시편 115편 3절에 "오직 우리 하나님은 하늘에 계셔서 원하시는 모든 것을 행하셨나이다"와 같이 하나님께서 무너지지 않은 세계를 다스리신다는 내용처럼, 하늘은 하나님의 통치와 거룩함이 완전히 구현된 장소로 묘사됩니다.

반면 '땅(γῆς, 게스)'은 인간이 사는 영역을 나타냅니다. 이 땅은 죄로 인해 하나님의 뜻이 온전히 실현되지 않은 곳으로, 하나님의 통치가 완전히 이루어지지 않은 불완전한 상태를 상징합니다. '하늘에서 이루어진 것같이 땅에서도 이루어지이다'라는 기도는 하나님의 완전한 뜻과 신적 질서가 이 땅에서도 실현되기를 바라는 간절한 소망을 담고 있습니다.

아우구스티누스(Saint Augustine)가 바라본
하늘과 땅의 개념

아우구스티누스(Sanctus Aurelius Augustinus Hipponensis, 354~430)
는 자신의 저서 「신의 도시(The City of God)」에서 하늘의 도시와 지상
의 도시를 구분합니다. 하늘의 도시는 하나님에 대한 무조건적인 사랑
에 의해 창조된 것이지만, 지상의 도시는 하나님을 경멸하고 자신을 사
랑하는 이기적인 사랑에 의해 창조된 것이라고 보았습니다.

지상의 도시는 인간의 육체적 욕망과 세속적 가치를 중심으로 살아가
며, 하늘의 도시는 하나님을 중심으로 한 영적 가치와 헌신을 지향합니
다. 아우구스티누스는 이 두 도시가 본질적으로 서로 다른 목적과 방향
을 가지고 있으며, 궁극적으로 하늘의 도시가 지상의 도시를 이기게 될
것이라고 주장했습니다.

하나님의 뜻이 이 땅에서 이루어져야 하는 몇 가지 이유가 있습니다.
첫째, 땅은 천국의 예표(미리 보인 조짐)이기 때문입니다. 즉, 땅은 하나님의
나라가 완전하게 실현되기 전의 준비 단계로 여겨집니다. 이 세상에서 하
나님의 뜻을 실천함으로써, 우리는 천국의 가치와 원칙을 미리 경험하고
실천하게 됩니다. 즉, 땅에서의 삶은 천국의 생활 방식을 반영하고 준비
하는 과정으로 봅니다. 둘째, 하나님은 천지를 창조하신 후 인간을 하나
님의 창조물에 대한 관리자로 세우셨기 때문입니다. 관리자의 임무는 창
조된 세계를 돌보고, 하나님의 정의와 사랑을 실천하는 것에 있습니다.

셋째, 기독교는 죽음 이후의 삶(하늘)뿐만 아니라 현재의 삶(땅) 또한 중요하다고 가르치기 때문입니다. 현재의 삶에서 하나님의 뜻에 순종하고 하나님의 사랑을 실천하는 것은 신앙의 핵심입니다. 넷째, 하늘은 미래에 완전히 실현될 하나님의 나라입니다. 땅에서 하나님의 뜻이 이루어지도록 우리는 그 완전한 나라의 도래를 예시하고 준비하는 역할을 해야 합니다. 이렇게 본다면, 하늘은 죽음 이후의 현실이라기보다는 현재와 미래가 연결되는 연속적인 과정이라고 볼 수 있습니다.

지금까지 언급된 세 가지 기원은 본절과 깊은 관계를 맺습니다.

- 하늘에서 이루어진 것같이, 땅에서도 하나님의 이름이 거룩히 여김을 받으소서.
- 하늘에서 이루어진 것같이, 땅에서도 하나님의 나라가 임하소서.
- 하늘에서 이루어진 것같이, 땅에서도 하나님의 뜻이 이루어지소서.

예수님의 겟세마네 동산에서의 기도에서 볼 수 있듯이 "하나님 아버지의 뜻"이 이 땅에서도 실현되기를 바라는 것은 부름을 받은 하나님의 일꾼으로서, 그리스도의 제자 된 우리가 가져야 할 사명이라고 볼 수 있습니다.

6) 오늘날 우리에게 일용할 양식을 주옵시고

톤 아르톤 헤몬 톤 에피우시온 도스 헤민 세메론
τὸν ἄρτον ἡμῶν τὸν ἐπιούσιον δὸς ἡμῖν σήμερον
bread our daily Give us this day
양식을 (우리들의) 일용할 주시옵고 우리에게 오늘날

본절에서부터 13절까지는 '우리'의 일인칭 복수대명사에 해당하는 '헤몬(ἡμῶν, 우리들의)'이 사용됩니다. 개역 한글 성경에서는 해석되지 않았습니다. 간구가 다름 아닌 '우리들의 필요'라는 점을 강조하기 위해서는 해석되는 것이 좋습니다.

주기도문의 앞부분(9-10절)은 하나님의 이름, 나라, 뜻과 관련된 간구로, '당신(수, σου)'이라는 단어가 사용되었습니다. 반면 11-13절에서는 '우리'라는 표현이 등장하며, 인간의 필요(일용할 양식, 죄사함, 시험에서의 구원)에 대한 간구로 초점이 이동합니다. 예수님은 이 기도를 통해 영적인 요청뿐만 아니라 인간의 현실적인 필요도 간과하지 않으셨던 기도의 균형을 보여주셨습니다.

'오늘날(세메론, σήμερον)'이라는 단어는 현재의 필요를 나타냅니다. 과거(12절)의 죄에 대한 용서, 미래(13절)의 구원에 대한 간구와 대비하여, 우리에게 가장 절실한 필요가 요구되는 시점이 현재임을 강조하기 위해 예수님은 이 기도를 세 간구의 가장 앞 절에 배치하였습니다.

주기도문에서 '일용할(에피우시온, ἐπιούσιον)'에 해당하는 헬라어는 신약성경에서만 나타납니다. 다른 고대 그리스 문헌에서는 찾아볼 수 없는 매우 특별하고 드문 단어입니다. "에피우시온"의 정확한 의미는 학자들 사이에서도 여전히 논쟁의 대상이 됩니다.

학자들은 에피우시온(ἐπιούσιον)의 원형인 '에피우시오스(ἐπιούσιος)'를 전치사 '에피(ἐπί)'와 '우시아(οὐσία)'의 합성어로 보고, '우시아(οὐσία)'의 뜻이 무엇인지를 추적해 왔습니다. 첫째, 우시아를 '존재하다'로 해석해 '존재하기 위해 필요한 양식'으로 해석하는 방법이 있습니다. 둘째, 우시아를 '오다'로 해석해 '내일을 위한(양식)'으로 해석하는 방법이 있습니다. 이 두 가지 해석 가운데 후자는 '내일 일을 염려하지 말라'는 예수님의 가르침과 충돌하기 때문에 전자를 취하여 해석합니다.

> **'일용할 (ἐπιούσιον, 에피우시온)'에 대한 4가지 해석**
>
> 1. **매일 (시간적 의미)** : 가장 전통적인 해석으로, "매일 우리에게 필요한 양식을 주소서"라는 의미입니다. 일부 학자들은 이 단어가 "오늘"과 "필요한"의 합성어로, 매일 주어지는 만나를 상징한다고 해석합니다.
>
> 2. **미래 (시간적 의미)** : 이 해석은 "내일을 위한 양식" 또는 "미래를 위한 양식"으로 해석되며, 초기 그리스도교 시대에 이러한 해석을 지지한 학자들도 있었습니다. 이 해석에 따르면, 미래의 하늘 양식, 즉 예수 그리스도 자신을 상징하는 것으로 해석합니다.
>
> 3. **필요에 따른 양식 (수량적 의미)** : 이 해석은 "존재를 위해 필요한 양식"으로 해석하며, 우리가 살아가는 데 필요한 필수적인 양식을 의미합니다.
>
> 4. **초월적인 양식 (유형적 의미)** : 이 해석은 "초월적인" 또는 "본질적인" 양식으로 보고, 성찬식에서 제공되는 "생명의 빵"즉 그리스도의 몸을 상징한다고 해석합니다. 카톨릭 교회에서 특히 강조하는 해석입니다.

'양식(아르톤, ἄρτον)'은 주로 음식으로서의 빵을 의미하지만, 제사에 쓰이는 떡이나 성만찬에서 사용하는 떡을 의미하기도 합니다. 더 나아가, 하늘의 양식, 곧 하나님의 말씀을 의미하기도 합니다. 예를 들어, N.T. 라이트(N.T. Wright)는 이 부분을 성만찬과 예수님의 몸(요한복음 6:31)과 연결하여 해석했습니다. 레이먼드 브라운(Raymond E. Brown) 또한 이 구절을 성만찬과 관련지어 예수님의 영적인 공급을 의미한다고 보았습니다. 그러나 문맥상, 이 구절은 생명 유지를 위한 육신의 양식을 의미하는 것으로 해석하는 것이 자연스럽습니다.

7) 우리 죄를 사하여 주옵시고

카이	아페스	헤민	타	오페일레마타	헤몬
καὶ	ἄφες	ἡμῖν	τὰ	ὀφειλήματα	ἡμῶν
and	forgive	us		debts	our
(그리고)	사하여 주시옵고	(우리에게)		죄를	우리

이 구절은 주기도문의 세 번째 간구로, '우리(헤몬, ἡμῶν)'라는 일인칭 복수 대명사가 사용되었습니다. '카이(그리고, καὶ)'라는 등위 접속사가 사용되어 일용할 양식(11절), 죄 용서(12절), 그리고 시험에 들지 않도록 하는 기도(13절)의 중요성을 동등하게 강조하고 있습니다.

"죄"에 해당하는 헬라어 단어는 "오페일레마타(ὀφειλήματα)"입니다. 이 단어는 주로 "빚(debts)"이나 "채무"를 의미하지만, 이 단어는 주기도문에서 죄를 비유적으로 표현하는 데 사용되었습니다. 죄는 하나님과의 관계에서 인간이 지는 영적인 채무를 의미합니다. 이 비유적 표현은 죄가 마치 갚아야 할 빚처럼 하나님 앞에서 해결되어야 할 문제임을 나타냅니다.

신약성경에서 죄를 나타내는 일반적인 단어는 "하마르티아(ἁμαρτία)"입니다. 이 단어는 "목표를 빗나가다", "잘못하다", 또는 "실수하다"라는 의미로, 하나님의 법이나 명령에 불순종하는 행위를 나타냅니다. 또한, "파라바시스(παράβασις)"는 "법규나 규정을 어기다"라는 의미로, 죄를 하나님의 법을 위반하는 행위로 정의합니다.

성경에 나타난 죄의 개념

1. 하나님에 대한 직접적인 범죄

- 시편 51:4 "내가 주께만 범죄하여 주의 목전에 악을 행하였사오니"

  ※ 다윗이 자신의 죄를 하나님에 대한 직접적인 범죄로 고백하는 장면입니다. 죄는 하나님과의 관계에서의 타락을 의미합니다.

- 로마서 8:7 "육신의 생각은 하나님과 원수가 되나니"

  ※ 죄는 하나님과 대립하며, 하나님과의 관계를 적대적으로 만듭니다.

2. 죄의 기원

- 창세기 3:1-6 아담과 하와의 타락 이야기

  ※ 최초의 죄는 하나님에 대한 불순종에서 비롯되었습니다. 죄는 하나님과의 관계를 파괴합니다.

- 시편 78:32 "이러함에도 그들은 여전히 범죄하여 그의 기이한 일들을 믿지 아니하였으므로"

  ※ 이스라엘 백성이 하나님께서 행하신 기적을 목격하고도 불신앙을 지속하는 모습을 보여줍니다.

- 마태복음 14:31 "예수께서 즉시 손을 내밀어 그를 붙잡으시며 이르시되 믿음이 작은 자여 왜 의심하였느냐 하시고"

※ 베드로가 물 위를 걷다가 의심하는 장면입니다. 믿음의 결핍은 곧 죄로 이어질 수 있음을 설명합니다.

3. 죄의 결과

● 로마서 6:23 "죄의 삯은 사망이요"

※ 죄는 죽음을 초래합니다. 죄의 결과가 얼마나 심각한지를 보여줍니다.

4. 행위의 죄와 불행위의 죄

● 마태복음 15:19 "마음에서 나오는 것은 악한 생각과 살인과 간음과 음란과 도둑질과 거짓 증언과 비방이니"

※ 죄는 외부 행위가 아닌 마음에서 비롯된다고 설명합니다.

● 야고보서 1:15 "욕심이 잉태한즉 죄를 낳고 죄가 장성한즉 사망을 낳느니라"

※ 욕심에서 시작된 죄가 결국 죽음에 이르게 됨을 설명합니다.

● 야고보서 4:17 "그러므로 사람이 선을 행할 줄 알고도 행하지 아니하면 죄니라"

※ 선을 행하지 않는 것도 죄로 간주됩니다.

8) 우리가 우리에게 죄 지은 자를 사하여 준 것같이

호스 카이 헤메이스   아페카멘   토이스 오페일레타이스 헤몬
$$\dot{\omega}\varsigma\ \kappa\alpha\grave{\iota}\ \dot{\eta}\mu\epsilon\tilde{\iota}\varsigma\ \dot{\alpha}\varphi\acute{\eta}\kappa\alpha\mu\epsilon\nu\ \tauο\tilde{\iota}\varsigma\ \dot{ο}\varphi\epsilon\iota\lambda\acute{\epsilon}\tau\alpha\iota\varsigma\ \dot{\eta}\mu\tilde{\omega}\nu$$
as and we   forgive   debtors   our
같이 (그리고) 우리가 사하여 준 것   죄 지은 자를 우리에게

'같이'로 해석된 '호스(ὡς)'는 근거 또는 비교를 나타내는 접속사로, 우리가 다른 사람의 죄를 사하여 준 것과 동일하게 하나님께서도 우리의 죄를 사하여 주시길 바라는 뜻과 연결됩니다. '사하여 준 것(아페카멘, ἀφήκαμεν)'이 부정과거형으로 쓰였기 때문에, 우리의 용서가 이미 완료된 상태임을 나타냅니다. 즉, 하나님께서 우리의 죄를 사하여 주시는 것보다 우리가 먼저 다른 사람을 용서해야 한다는 의미를 내포하고 있습니다.

이 구절의 병행구절인 누가복음 11장 4절을 보면, "우리가 우리에게 죄지은 모든 사람을 용서하오니"라고 하여 용서의 시점이 부정과거가 아닌 '현재형'으로 쓰였습니다. 이것은 기도하는 '지금, 이 순간'에도 우리가 다른 사람의 죄를 용서하오니 그와 같이 우리의 죄를 용서해달라는 동일한 구조로 하나님께 용서를 간구하고 있습니다.

하지만 우리의 죄에 대한 하나님의 용서는 조건이 없으십니다. 다만, 본절에서는 하나님께 우리의 죄를 사하여 주실 것을 간구할 때, 성숙한 그리스도인이라면 먼저 형제의 잘못을 반드시 용서해 주어야 함을 강조하신 것으로 볼 수 있습니다.

하나님의 용서하심은 무조건적인가, 조건적인가?

주기도문에 나타난 "죄사함"은 조건적입니다. (본문 내용 중 '하나님께서 우리의 죄를 사하여 주시는 것보다 우리가 먼저 다른 사람을 용서해야 한다는 의미를 내포하고 있습니다.' 참조) 이 부분을 놓고 하나님의 용서가 조건적인지, 아니면 무조건적인지에 대한 다양한 의견이 존재합니다.

예수님은 "다른 사람의 잘못을 용서해 주면 하늘에 계신 너희 아버지께서도 너희 죄를 용서해 주실 것"이라고 하십니다. 즉, 죄사함은 조건적이라는 말씀입니다. 싱클레어 퍼거슨(Sinclair Ferguson)은 하나님의 용서가 두 가지 관점에서 이해될 수 있다고 주장합니다. 하나는 우리가 아무 것도 할 수 없을 때 하나님의 용서가 주어진다는 것이며, 다른 하나는 하나님의 용서가 우리의 회개에 따라 조건적으로 주어진다는 것입니다. 우리는 회개함으로써 용서를 구해야 하지만, 그렇다고 회개에 의해 용서를 받는 것은 아니라고 말합니다.

그러나 다른 견해도 있습니다. 인간의 용서는 하나님의 용서를 뒤따르는 것으로 해석하자는 것입니다. 즉, 하나님의 용서가 우선이며, 하나님의 용서를 경험한 사람들은 다른 사람들을 용서할 수 있게 된다고 보는 것입니다. 이러한 관점에서 보면 인간이 하나님의 용서를 경험하고 이를 반영하는 것이라고 볼 수 있습니다.

9) 우리를 시험에 들게 하지 마시옵고

카이	메	에이세넨케스	헤마스	에이스	페이라스몬
καὶ	**μὴ**	**εἰσενέγκῃς**	**ἡμᾶς**	**εἰς**	**πειρασμόν**
and	not	lead	us	into	temptation
(그리고) 마시옵고	들게 하지		우리를	~에	시험

본절은 주기도문의 마지막 간구입니다. 미래의 일에 대한 간구로, 미래의 어떤 시점에 우리가 시험에 들지 않도록 해달라고 간청하는 기도입니다.

'시험(페이라스몬, πειρασμόν)'은 동사 '페이라조(실험하다, πειράζω)'의 명사형으로, '유혹에 빠지다'라는 의미입니다.

페이라스모스(πειρασμός, 시험/유혹)의 변형

- 페이라스모스(πειρασμός, 시험/유혹) : 기본형, 주격 단수형
- 페이라스모이(πειρασμοί, 시험들) : 주격 복수형
- 페이라스몬(πειρασμόν, 시험을/유혹을) : 목적격 단수형
- 페이라스모이(πειρασμοῖς, 시험들에게/유혹들에게) : 여격 복수형
- 페이라스모(πειρασμοῦ, 시험의/유혹의) : 소유격 단수형

- 동사 "페이라조(πειράζω, peirazō)"의 의미

  - 실험하다, 시험하다(to test or try) : 어떤 사람이나 사물의 성질, 능력, 성실성 등을 시험해 보는 행위를 가리킵니다.
  - 유혹하다(to tempt) : 특히 도덕적이나 영적 관점에서의 시험, 즉 사람을 죄로 이끄는 유혹을 가리킵니다. 이때의 "유혹"은 악한 의도를 가진 시험을 의미하며, 사람이 하나님과의 관계에서 타락하게 하려는 시도도 여기에 속합니다.

- 명사 "페이라스모스(πειρασμός, peirasmos)"의 의미

  - 시험(test or trial) : 이 의미는 하나님 또는 사람이 신앙, 인내, 성실성을 시험하는 경우를 가리킵니다. 예를 들어, 욥이 겪은 고난은 하나님 앞에서 어떤 믿음을 가지고 있는지를 시험했던 "페이라스모스(πειρασμός, peirasmos)"로 해석될 수 있습니다. 이 경우 중립적인 의미를 지니며, 결과적으로 신앙을 굳건하게 하기 위한 목적으로 사용됩니다.
  - 유혹(temptation) : 이 의미는 인간이 도덕적, 영적으로 타락하도록 이끄는 유혹을 가리킵니다. 마귀가 예수님을 광야에서 유혹할 때(마태복음 4:1-11), 그 유혹도 "페이라스모스(πειρασμός, peirasmos)"로 표현됩니다. 이 경우 부정적인 의미를 지니며, 사람을 죄에 빠뜨리려는 의도를 가집니다.

※ 주기도문에서 "페이라스몬(πειρασμόν, peirasmon)"은 "시험"으로 번역되며, 이 문맥에서는 부정적인 의미로 사용됩니다. 이 구절은 하나님께 간구하여 "유혹이나 시험에 빠지지 않도록" 보호받기를 기도하는 것입니다. 여기서 중요한 점은, 하나님께서 시험을 주시는 분이 아니라, 시험이나 유혹에 빠지지 않도록 보호하시는 분으로 설명된다는 것입니다.

'들게 하지 마시옵고(메 에이세넹케스, μὴ εἰσενέγκῃς)'는 강한 부정의 명령형으로 사용되었습니다. 문자적으로는 "우리를 시험 안으로 인도하지 마옵소서"라는 뜻이 됩니다. 이때 우리를 시험 안으로 인도하시는 주체는 하나님이시라는 뜻이 됩니다. 그러나 야고보서 1장 13-14절에 "하나님은 시험을 받지도 않으시고 아무도 시험하지 않으신다"는 말씀이 있어, 이 구절을 '우리로 하여금 마귀의 유혹에 빠지지 않도록 허락하지 마옵소서'로 해석하는 것이 적절합니다.

시험의 주체에 대한 해석

시험의 주체에 대한 해석은 크게 두 가지입니다. 첫째, 하나님은 죄로 인간을 유혹하는 분이 아니라는 견해입니다. 둘째, 하나님은 인간에게 시험과 고난을 주시는 주체라는 견해입니다.

1. 첫 번째 관점 : 하나님은 죄로 인간을 유혹하지 않으신다

●야고보서 1:13-14 "사람이 시험을 받을 때에 내가 하나님께 시험을

받는다 하지 말지니... 오직 각 사람이 시험을 받는 것은 자기 욕심에 끌려 미혹됨이니"

※ 이 구절은 하나님이 죄로 인간을 유혹하지 않으신다는 분명한 증거입니다. 야고보는 인간이 시험을 받는 것은 자신의 욕심 때문이지, 하나님께서 유혹하시는 것이 아니라고 설명합니다.

2. 두 번째 관점 : 하나님은 인간에게 시험과 고난을 주신다

● 히브리서 12:5-7 "내 아들아 주의 징계하심을 경히 여기지 말며 그에게 꾸지람을 받을 때에 낙심하지 말라... 하나님이 아들과 같이 너희를 대우하시나니 어찌 아버지가 징계하지 않는 아들이 있으리요"

※ 이 구절은 하나님이 사랑하는 자를 훈련시키기 위해 고난을 주시는 분으로 묘사됩니다.

● 욥기 1:6-12 하나님이 사탄에게 욥을 시험하도록 허락하는 장면

※ 이 구절에서 하나님은 직접 시험을 주시지는 않지만 사탄이 욥을 시험하는 것을 허락하십니다. 하나님은 시험을 허용하시는 주체입니다.

10) 다만 악에서 구하옵소서

알라	뤼사이	헤마스	아포	투	포네루
ἀλλὰ	ῥῦσαι	ἡμᾶς	ἀπὸ	τοῦ	πονηροῦ
but	deliver	us	from		evil
다만	구하옵소서	(우리를)	~에서		악

본절을 직역하면 '도리어 우리를 그 악으로부터 구원하소서'가 됩니다. '우리(헤마스, ἡμᾶς)'는 인칭 대명사로, 하나님의 은혜를 구하는 주체가 '우리'임을 강조합니다.

'다만'으로 쓰인 '알라(ἀλλὰ)'는 이전 문장의 내용에 대조적이거나 추가적인 내용을 제시할 때 사용하는 접속사입니다. 본절에서는 '시험에 들게 하지 마옵소서'라는 간구에 이어, '하나님께서 우리를 시험에 들게 하지 않도록 해주실 뿐만 아니라, 더 나아가 악으로부터 우리를 구원해 주실 것'이라는 간구로 이어지는 역할을 합니다.

'악(τοῦ πονηροῦ, 투 포네루)'은 성별에 따라 해석의 차이를 가져옵니다.

● 중성으로 쓰인 '악(τοῦ πονηροῦ, 투 포네루)'

  - 헬라어에서 형용사가 중성 형태로 쓰일 때, 특히 문맥상 명확한
    대상이 없을 경우, 그 형용사는 추상명사로 사용됩니다. 이 경우,
    '투 포네루(τοῦ πονηροῦ)'는 '악(evil)'이라는 추상적인 개념을 나타냅
    니다. 즉, 특정 인물이나 존재가 아닌, 일반적으로 나쁜 것이나 악
    한 성질을 의미합니다. 그러므로 "악에서 구하소서"는 악한 상황,
    악한 일, 또는 추상적으로 나쁜 것들로부터 보호해달라는 요청이
    됩니다.

● 남성으로 쓰인 '악(τοῦ πονηροῦ, 투 포네루)'

  - 헬라어에서 형용사가 남성 형태로 쓰일 경우, 특정한 인물이나 존
    재를 지칭하기도 합니다. 이 경우 '투 포네루(τοῦ πονηροῦ)'는 "악한
    자"로 해석되며, 성경에서 사탄이나 악한 영적 존재를 가리키는
    데 자주 사용됩니다. 따라서, "악한 자"는 특정한 악한 존재, 즉 사
    탄 또는 마귀로 이해할 수 있으며, "악한 자로부터 구하소서"라는
    기도는 사탄의 유혹이나 공격으로부터 보호해달라는 간구가 됩
    니다.

주기도문에서는 문맥상으로 볼 때, 하나님께서 우리를 "악한 자 즉, 사
탄이나 마귀"로부터 구원해 주실 것을 간구하는 의미로 해석하는 것이
가장 적절해 보입니다.

'투 포네루(τοῦ πονηροῦ, 악 또는 악한 자)' 무엇으로부터의 구원인가?

1. '악한 상황'으로부터 구하옵소서

일반적으로 "다만 악에서 구하옵소서"라는 구절을 해석할 때, 악한 상황이나 환경으로부터 보호받기를 기도하는 것으로 이해할 수 있습니다. R.T. 프랑스는 "악에서"라는 표현을 광범위하게 해석합니다. 즉, 일상에서 우리가 겪을 수 있는 악한 상황이나 환경으로부터의 보호를 구하는 것으로 설명합니다. 이 해석은 "악 (evil)"을 추상적인 개념으로 이해한 것입니다.

2. 내면의 악으로부터 구하옵소서

주기도문의 "다만 악에서 구하옵소서"라는 구절을 개인의 내면에 존재하는 악으로부터의 보호를 구하는 기도로 해석하는 방법이 있습니다. 존 스토트는 "악에서"를 인간 내면의 죄성과 악한 생각으로부터의 보호를 요청하는 것으로 해석합니다. 이 해석 역시 "악 (evil)"을 추상적인 개념으로 보지만, 개인의 내면에 존재하는 악과 싸울 것을 강조합니다.

3. '악한 자'로부터 구하옵소서

"다만 악에서 구하옵소서"라는 구절에서 "악에서"를 "악한 자"로부터의 구원을 요청하는 것으로 해석하는 경우도 있습니다. 여기서 "악한 자"는 사탄이나 악한 영적 존재들을 가리킵니다. 크레이그 블룸버그와 레온 모리스도 이 구절을 "악한 자"로 해석하며, 이 구절이 사탄이나 마귀와 같은 특정한 악한 존재로부터 우리를 보호해 달라는 간구로 해석된다고 설명합니다.

11) (대개) 나라와 권세와 영광이
   아버지께 영원히 있사옵나이다 아멘

호티   수   에스틴   헤   바실레이아   카이   헤   뒤나미스
ὅτι σοῦ ἐστιν ἡ βασιλεία καὶ ἡ δύναμις
because yours   is   the   kingdom   and the   power
대개   당신의   나라   와   권세

카이   헤   독사   에이스   투스   아이오나스   아멘
καὶ ἡ δόξα εἰς τοὺς αἰῶνας· ἀμήν·
and the   glory   for   the   ages(forever). Amen.
와   영광   ~으로   영원   아멘

주기도문의 결론부는 한글 개역 성경에서는 괄호로 표시되어 있으며, 많은 영역본 성경에서도 이 구절이 삭제되거나 각주로 병기되어 있습니다. 그 이유는 본절이 많은 사본에서 결론부로 포함되어 있지 않으며, 후대에 추가된 것으로 추정되기 때문입니다. 예를 들어, 시내 사본(Codex Sinaiticus)이나 바티칸 사본(Codex Vaticanus)과 같은 초기의 중요한 사본에는 이 구절이 포함되어 있지 않습니다.

반면, 레기우스 사본(Codex Regius)과 센트골 사본(Codex Sangallensis)과 같은 후대의 사본에는 이 구절이 포함되어 있습니다. 이로 미루어 볼 때, 시간이 지나면서 이 결론부가 주기도문에 추가되었을 것으로 추정하고 있습니다.

또한, 일부 사본에서는 "나라와 권세와 영광" 중 특정 단어만 포함된 경우도 있습니다. 예를 들어, 모스코 사본(Moscow Manuscript)에서는 '권세'만 언급되고, 고대 수리아 사본(Old Syriac Manuscripts)에서는 '나라'와 '영광'만 나옵니다. 이러한 차이점은 주기도문의 결론부가 초기 기독교 전통에서 다양한 형태로 존재했음을 시사합니다. 이것은 기도나 찬미가 끝난 후에 덧붙이는 송영의 관습이 즉, 유대인의 전통이 초기 기독교 예배에 영향을 미쳤을 것으로 판단됩니다.

주기도문 결론부에 대한 사본의 차이

1. **시내 사본 (Codex Sinaiticus)** : 내 사본은 주후 4세기에 작성된 매우 중요한 성경 사본으로, 주기도문의 마지막 부분인 "나라와 권세와 영광이 아버지께 영원히 있사옵나이다 아멘"이 포함되어 있지 않습니다. 이를 통해 주기도문의 결론부가 후대에 추가된 것일 가능성을 시사한다고 볼 수 있습니다.

2. **바티칸 사본 (Codex Vaticanus)** : 바티칸 사본 또한 주후 4세기에 작성된 중요한 사본으로, 주기도문의 결론부가 생략되어 있습니다.

이 사본을 통해 역시 초기 기독교 전통에는 주기도문의 결론부를 포함하고 있지 않음을 알 수 있습니다.

3. 베자 사본 (Codex Bezae) : 베자 사본은 5세기에 작성된 그리스어와 라틴어로 된 사본으로, 이 사본에도 주기도문의 결론부는 포함되어 있지 않습니다. 이 사본은 서방 교회의 전통에도 이 구절이 생략되었음을 보여줍니다.

4. 레기우스 사본 (Codex Regius) : 레기우스 사본은 8세기에 작성된 사본으로, 주기도문의 결론부가 포함되어 있습니다. 시간이 지나면서 이 구절이 주기도문에 추가되었음을 나타냅니다.

5. 센트골 사본 (Codex Sangallensis) : 센트골 사본은 9세기에 작성된 사본으로, 이 사본에서도 주기도문의 결론부가 포함되어 있습니다. 중세 시기에 이 구절이 널리 퍼졌음을 시사합니다.

특히 "나라와 권세와 영광"이라는 구절은 하나님의 통치와 그 통치의 완전함을 강조하는 표현으로 이해될 수 있습니다. "나라(헤 바실레이아, ἡ βασιλεια)"는 하나님의 통치가 실현되는 영역을 의미하며, "권세(헤 뒤나미스, ἡ δύναμις)"는 그 통치를 가능하게 하는 하나님의 힘과 능력을 나타냅니다. 마지막으로, "영광(헤 독사, ἡ δόξα)"은 하나님의 나라가 이루어짐으로 인해 드러나는 하나님의 위대함과 존엄성을 상징합니다. 이 모든 것이 영원히 지속된다는 고백은 기독교 신앙의 핵심을 담고 있으며, 신앙 고백의 절정으로 볼 수 있습니다.

주기도문의 결론부에 있는 단어 "호티(ὅτι, hoti)"는 "대개" 또는 "왜냐하면"으로 번역됩니다. 원문을 그대로 번역하면, "왜냐하면 나라와 권세와 영광이 아버지께 영원히 있기 때문입니다"가 됩니다. 이 구절은 주기도문의 다른 부분과 마찬가지로 하나님의 절대적인 주권과 그 통치의 영원성을 강조하며, 기독교 신앙의 핵심을 요약하는 중요한 역할을 합니다. 그러나 이 부분은 후대에 추가된 것으로 보이기 때문에, 개역 개정본과 새 번역본에서는 포함되어 있지 않습니다.

또한, 히브리어 '아멘 (אָמֵן)'의 음역인 "아멘(ἀμήν, amēn)"으로 기도를 마무리하는 것은 이 기도가 진실하며 신실하다는 고백을 표현합니다. '아멘'은 히브리어에서 유래한 단어로, "참되다", "진실하다"는 의미입니다. 아멘이라고 함으로써 기도의 모든 내용을 하나님 앞에 진실하게 내려놓는다는 의미로 해석됩니다.(참고로, 영어식 발음 '에이멘'보다 한국식 발음 '아멘'이 원어의 '아멘'에 더 가까운 발음입니다.)

3장

주기도문,
철학적 의미

'주기도문'은 어린아이의 입에서 나오는 신성한 축약본이지만,
예수 그리스도께서는 자신의 사역을 완수하기 전에 여러 차례
밤새워 기도하셨습니다.

The 'Lord's Prayer' is a divine epitome for infant lips,
but the man Christ Jesus prayed many an all-night ere His work was done.

- E.M. 바운즈(Edward McKendree Bounds) -

예수님께서 가르쳐주신 주기도문이 "신성한 축약본"이라는 뜻은
어린아이들도 이 기도를 암송할 수 있을 만큼 쉽고 간결하지만,
그 안에 담긴 내용은 매우 심오하다는 뜻입니다.
이와 대비하여, 바운즈는 예수님의 기도 생활을 언급합니다.
예수님은 사역을 완수하시기 전까지 밤새도록 깊은 기도를 여러 번 드리셨으며,
이것은 곧 예수님의 기도 생활이 매우 깊고 지속적이었다는 것을 보여줍니다.

주 : E.M. 바운즈(Edward McKendree Bounds, 1835-1913)는 미국의 감리교 목사이자 기도에
관한 여러 저서를 남긴 저자입니다. 바운즈는 특히 남북전쟁 시기에 군목으로 복무하면서 많
은 이들에게 영적인 영향을 끼쳤습니다. 그가 남긴 「기도의 능력(Power Through Prayer)」과
「기도의 필요성(The Necessity of Prayer)」등의 저서는 지금까지도 기도에 대한 깊은 통찰
을 제공해 줍니다.

1. 신의 존재와 인간의 본질

- 존재론적 질문 10가지

1) 신의 존재와 본질에 대한 질문

질문1 : 아버지라 칭하는 신은 어떤 존재인가?

주기도문에서 "하늘에 계신 우리 아버지"는 신의 초월성과 내재성을
전제합니다. 신은 인간에게 친밀하면서도 권위를 가진 초월적 존재로
인식됩니다. 또한, 신은 전지전능한 존재로서 하늘에 거한다는 전제는
신의 속성과 본질에 대한 철학적 탐구를 촉발합니다.

질문2 : 신의 존재는 인간에게 어떻게 드러나는가?

신의 초월적 존재가 인간 세계에 어떻게 나타나는지에 대한 물음입니
다. 신의 실재가 인간의 삶에 어떻게 영향을 미치는지, 그리고 인간은
신의 실재를 어떻게 경험할 수 있는지를 탐구합니다.

2) 인간의 본질과 정체성에 대한 질문

질문3 : 인간은 누구인가?

주기도문에서 인간은 신의 피조물로서 기도하는 존재로 나타납니다. 인간이 신을 "아버지"라고 부르는 행위는 인간이 신의 자녀로서 보호받고 있다는 정체성을 드러냅니다.

질문4 : 인간의 존재 목적은 무엇인가?

주기도문에서 인간의 목적은 신의 이름을 거룩하게 하고, 신의 뜻을 따르며, 신의 나라가 이 땅에 임하도록 간구하는 것입니다. 인간의 존재 목적은 신의 질서에 기여하고, 궁극적으로 신의 영광을 드러내는 데 있습니다.

3) 인간과 신의 관계에 대한 질문

질문5 : 신과 인간은 어떤 관계인가?

"우리 아버지"라고 표현하는 관계는 인간과 신을 피조물과 창조주의 관계를 넘어 사랑과 신뢰, 의존의 관계로 확장됩니다. 이로써 신과 인간이 존재론적 연대 속에서 상호작용하며, 인간은 신의 뜻을 따르는 동시에 자신의 존재 의미를 발견하는 존재입니다.

질문6 : 이 관계에서 인간의 역할과 책임은 무엇인가?

신의 뜻에 순종하는 인간은 도덕적 책임과 윤리적 선택을 하며, 신의 질서에 따라 살아가야 할 책임이 있습니다. 주기도문은 이러한 관계 속에서 인간이 해야 할 역할을 제시합니다.

4) 신의 뜻에 대한 질문

질문7 : 신의 뜻은 무엇이며, 인간 세계에서 어떻게 구현되는가?

"뜻이 하늘에서 이루어진 것같이 땅에서도 이루어지이다"라는 구절은 신의 뜻이 초월적 세계에서 완전하게 이루어졌음을 전제합니다. 신의 뜻은 무엇이며, 인간은 신의 뜻을 어떻게 실현할 수 있으며, 인간은 순종을 통해서 어떤 변화와 완전성을 기대할 수 있는지에 대한 질문입니다.

질문8 : 신의 완전성은 인간 세계의 불완전성을 어떻게 인도하는가?

신의 완전성과 인간의 불완전성 사이에서 인간이 어떻게 신의 뜻에 따라 성장하고, 신의 질서에 도달할 수 있는지에 대한 질문입니다.

5) 시간과 영원의 관계에 대한 질문

질문9 : 영원한 것과 일시적인 것의 관계는 무엇인가?

신의 나라는 영원하지만, 인간은 유한한 시간을 살아갑니다. 주기도문은 인간이 경험하는 일시적 현실과 신의 영원한 왕국 사이의 관계를 묻습니다.

질문10 : 신의 영원성과 인간의 유한성은 어떻게 조화를 이루는가?

인간은 유한한 존재로서 신의 영원함을 어떻게 받아들이고 연결할 수 있는가에 대한 질문입니다. 주기도문은 인간이 영원한 신의 실재와 연결되도록 인도합니다.

2. 윤리학적 탐구
– 도덕적 원칙과 인간의 책임

1) 존재론적 아버지 개념과 인간의 도덕적 책임

주기도문에서 "우리 아버지"라는 표현은 신과 인간 사이의 도덕적 관계를 설정합니다. 신을 아버지로 부르는 것은 인간이 신을 신뢰하고 순종해야 하는 도덕적 책임을 내포하고 있습니다. 철학적으로 보면, 플라톤*, 아퀴나스**, 헤겔***과 같은 사상가들은 인간이 신과의 관계 속에서 자신의 도덕적 의무를 완성해야 한다고 보았습니다. 인간은 신의 뜻에 맞추어 도덕적 실천을 해야 하며, 이러한 관계는 인간이 올바른 삶을 살아가는 데 중요한 지침이 됩니다.

① 플라톤은 이데아론을 통해 도덕적 의무를 설명합니다. 이데아(Forms)는 완전한 진리와 도덕적 기준을 나타내는 초월적 실체입니다. 특히, 선의 이데아(Idea of the Good)는 모든 존재와 도덕적 가치의 근원이며, 인간은 선의 이데아를 인식하고 실현해야 한다고 주장했습니다. 인간은 이 선의 이데아를 향해 삶을 정돈하고, 지혜를 통해 도덕적으로 성숙해져야 한다고 보았습니다.

② 아퀴나스는 신을 제1원인(First Cause)으로 설명하며, 인간의 도덕적 의무는 신의 뜻에 따라 사는 것이라고 주장했습니다. 자연법은 신의 뜻이 자연 속에 드러난 법칙이며, 인간은 이 법을 따를 때 도덕적으로 완성된다고 보았습니다. 특히, 신의 자비와 정의를 실천하는 것이 인간의 도덕적 의무로 강조됩니다.

③ 헤겔은 절대정신(Absolute Spirit)과 개별정신(Particular Spirit)의 관계를 통해 인간의 도덕적 의무를 설명합니다. 헤겔에 따르면, 인간은 역사 속에서 자신의 개별적 자유를 실현하면서 절대정신과 통합을 추구해야 합니다. 인간의 도덕적 의무는 개인적인 자유와 사회적 책임을 조화시키는 데 있으며, 이것은 변증법적 과정을 통해 실현됩니다. 즉, 개인의 자아실현은 사회적, 도덕적 책임을 다하면서 절대정신과 통합되는 과정에서 완성된다고 보았습니다.

2) 초월적 세계와 내재적 세계의 윤리적 연결

하늘(초월적 세계)과 땅(내재적 세계)의 연결은 윤리적 차원에서 중요한 의미를 지닙니다. 주기도문에서 "뜻이 하늘에서 이루어진 것같이 땅에서도 이루어지이다"라는 구절은 신의 완전한 도덕적 질서가 인간의 일상에서 실현되기를 바라는 기도를 의미합니다. 이것은 곧 초월적 진리가 내재적 세계 속에서 도덕적 실천으로 나타나야 한다는 윤리적 요청을 내포하고 있습니다. 칸트는 도덕적 의무를 통해 초월적 세계와 내재적 세계가 연결된다고 보았고, 인간의 도덕적 실천이 하늘의 뜻을 땅에서 이루는 과정이라고 설명했습니다.

3) 신의 통치와 정의의 실현

주기도문에서 신의 통치를 구하는 것은 정치적 의미의 통치뿐만 아니라, 도덕적 질서와 정의가 실현되기를 바라는 간구이기도 합니다. 이를 플라톤의 이데아 개념을 적용해 살펴보면, "신의 나라"는 이데아적 이상을 상징합니다. 신의 뜻은 이 이데아적 이상이 현실 세계에서 완전한 정의와 진리로 구현되는 것을 의미합니다. 플라톤은 철학자에게 이데아의 진리를 현실 속에 실현하도록 임무를 부여했습니다. 마찬가지로 주기도문에서는 인간이 신의 통치가 이 땅에서 실현되도록 도덕적 도구로서의 역할을 부여받았습니다. 주기도문에서는 인간이 신과의 관계 속에서 어떻게 살아가야 하는지, 그리고 인간이 신의 통치와 뜻을 따르는 것이 얼마나 중요한지를 강조합니다. 그러므로 이 땅에서 신의 나라, 즉 완전한 정의가 실현되도록 인간은 신으로부터 윤리적 책임을 부여받게 됩니다.

4) 용서와 책임

주기도문에서 "우리에게 죄지은 자를 사하여 준 것같이 우리 죄를 사하여 주옵시고"라는 구절은 용서와 책임의 윤리적 교훈을 담고 있습니다. 신이 인간을 용서하듯이, 인간도 서로를 용서해야 한다는 교훈은, 신과 인간의 도덕적 관계의 회복으로의 확장을 가져옵니다. 인간 상호 관계에서 용서는 갈등과 상처를 치유하는 중요한 과정입니다. 마찬가지로, 인간은 자신의 잘못을 인정하고 그에 따른 도덕적 책임을 다할 때, 인간 상호 간의 도덕적 질서의 회복뿐만이 아니라 신과의 관계도 회복될 수 있음을 말해주고 있습니다.

5) 악의 문제와 도덕적 선택

"우리를 시험에 들게 하지 마시옵고 다만 악에서 구하시옵소서"라는 기도는 인간이 악을 경계해야 하며 윤리적 선택을 해야 한다는 도덕적 교훈을 담고 있습니다. 인간은 일상에서 다양한 유혹과 도덕적 시험에 직면하게 됩니다. 그때마다 올바른 선택을 통해 신의 뜻에 따를 책임이 있습니다. 윤리적으로 도덕적 유혹을 이겨내는 내적 힘과 의지가 요구되는 부분입니다. 칸트의 도덕 철학에서 인간은 선한 의지로 도덕적 선택을 해야 하며, 이 선택이 초월적 가치를 실현하는 과정이라고 보았습니다. 주기도문에서는 인간이 도덕적 유혹에 직면했을 때 신의 도움을 요청하며, 자신의 의지와 결단만으로는 도덕적 완성에 이를 수 없다는 사실을 인식 하게 합니다.

6) 윤리의 한계, 구원은 도덕적 인간이 아닌 그리스도를 의지하는 인간에게 주어진 것

성경은 구원이 오직 예수 그리스도를 통해서만 가능하다고 봅니다. 이 핵심 교리는 주기도문과도 긴밀히 연결됩니다. 주기도문에서 "우리 죄를 사하여 주옵시고"라는 구절은 인간이 스스로의 도덕적 행위로는 구원에 이를 수 없으며, 오직 예수 그리스도를 통한 죄 사함과 구원이 필요함을 시사합니다. 예수께서 "나는 길이요 진리요 생명이다. 나를 통하지 않고 는 아버지께로 올 자가 없다"(요한복음 14:6)라고 말씀하신 것과 일치합니 다. 따라서, 주기도문은 인간이 예수 그리스도를 통해 하나님께 나아가 며 그리스도를 통해 죄 사함을 받고 구원에 이를 수 있음을 상기시켜줍 니다.

3. 실존적 탐구

– 주기도문과 인간의 실존

1) 주기도문과 실존적 문제

주기도문은 인간이 마주하는 실존적 문제들을 해결하기 위한 영적 안내서이기도 합니다. 실존적 문제란 인간이 자신의 존재, 삶의 목적, 죽음, 고통과 같은 궁극적 질문에 대해 가지는 근본적인 고민입니다. 주기도문은 이러한 문제에 대한 답을 제시하며, 신과의 관계 속에서 인간이 자신의 존재를 더 깊이 이해하고 의미를 찾을 수 있게 도와줍니다.

예를 들어, "하늘에 계신 우리 아버지여"라는 표현은 신과 인간 사이의 친밀한 관계를 강조하며, 인간이 신의 보호와 사랑 속에서 살아가는 존재임을 일깨워 줍니다. 또한 "우리 죄를 사하여 주옵시고"라는 구절은 인간이 자신의 죄를 인식하고, 신과의 관계를 회복할 수 있는 길을 제시해 줍니다. 이러한 기도는 실존적 불안과 고통을 해결하는 데 있어 신의 인도하심과 사랑이 필수적임을 강조합니다.

2) 불확실한 세계에서의 삶

인간의 삶은 불확실성과 예측할 수 없는 상황으로 가득 차 있습니다. 주기도문의 "일용할 양식을 주시옵고"라는 구절은 물질적 생존뿐 아니라, 인간이 매일의 삶 속에서 신의 인도와 보호를 구하는 기도를 나타냅니다. 이렇듯 매일의 요청은 불확실한 미래에 대한 두려움을 신앙을 통해 극복하게 하고, 신에 대한 신뢰 속에서 살아가는 삶을 살도록 이끌어 줍니다. 인간은 신의 섭리와 인도하심을 통해 불확실성을 극복하고, 영적인 평안을 찾는 존재입니다.

3) 실존적 위기와 악의 문제

"우리를 시험에 들게 하지 마시옵고"라는 구절은 인간이 마주하는 실존적 위기, 즉 유혹과 시험을 다룹니다. 실존주의 철학자들은 인간은 끊임없이 선택의 기로에 서며, 자신의 약함과 불완전함을 깊이 인식하게 된다고 봅니다. 주기도문은 이러한 시험 속에서 신의 보호를 구하며, 인간이 올바른 선택을 할 수 있도록 돕는 영적 요청입니다.

또한 "다만 악에서 구하옵소서"라는 기도는 인간이 겪는 내적, 외적 악의 문제를 다룹니다. 악은 불의와 고통을 포함하는 실존적 현실로, 인간은 신의 인도하심을 통해 이 악을 극복하고자 합니다. 이 악은 외부의 악한 상황 속에서, 그리고 악한 자에 의해 일어나며, 더 나아가 인간의 내면에서도 악은 일어날 수 있습니다.

베드로는 악은 "우는 사자 같이 두루 다니며 삼킬 자를 찾나니(베드로전서 5:8)" 근신하고 깨어 있어야 한다고 경고합니다. 실존주의 철학은 인간이 불확실한 세계 속에서 악과 고통을 피할 수 없다고 보며, 인간이 자신에게 닥치는 위기와 고통을 스스로 직시해야 한다고 강조합니다. 사르트르와 같은 실존주의자들은 인간이 불안과 절망을 느끼는 순간을 실존적 위기라고 설명하며, 이러한 상황에서 인간은 자유를 통해 자신을 구원하거나 더 큰 악에 빠질 수 있다고 말합니다.

주기도문에서 "다만 악에서 구하옵소서"라는 기도는 이러한 실존적 불안을 인정하면서도, 인간이 자신의 한계를 넘어서기 위해 신의 도움을 구하는 방식으로 해석될 수 있습니다. 실존주의가 인간의 고독한 결단을 강조하는 반면, 주기도문은 인간이 스스로 해결할 수 없는 악과 시험에서 신의 구원을 간구하는 태도를 제시합니다.

4장

주기도문,
라틴어와 비교하여 배우기

우리 아버지…만약 그가 아버지시라면 그는 선하시며,
그의 자녀들을 사랑하십니다.

Our Father... if he is a father then he is good,
then he is loving to his children.

- 존 웨슬리(John Wesley) -

주 : 존 웨슬리(1703-1791)는 영국의 신학자이자 감리교 운동의 창시자입니다. 웨슬리는 개인의
구원뿐만 아니라 사회적 성화를 강조하기도 했습니다. 웨슬리는 하나님을 아버지로서 이해하
고, 아버지의 선하심과 사랑을 신뢰하는 것이 기도의 출발점이라고 보았습니다.

1. 라틴어 주기도문 (불가타역*)

Pater noster, qui es in caelis,

sanctificetur nomen tuum;

adveniat regnum tuum;

fiat voluntas tua, sicut in caelo, et in terra.

Panem nostrum quotidianum da nobis hodie;

et dimitte nobis debita nostra,

sicut et nos dimittimus debitoribus nostris;

et ne nos inducas in tentationem, sed libera nos a malo.

quia tuum est regnum, et potestas,

et gloria in saecula. Amen.

---

* 성 제롬(St. Jerome)이 불가타(Vulgata 또는 Vulgate) 성경을 번역한 것은 당시 여러 가지 라
틴어 성경 번역본의 혼란을 해결하기 위한 시도였습니다. 제롬은 4세기 말에서 5세기 초에 걸
쳐 히브리어 구약성경(Tanakh)과 그리스어 신약성경(Septuagint)을 기반으로 라틴어 번역을
완성했습니다. "불가타"라는 이름은 "대중적인" 또는 "일반적인"이라는 의미를 가진 단어 "불
가타 (vulgata)"에서 유래했습니다. 불가타 성경은 중세 서유럽에서 성경의 표준 텍스트로 사용
되었으며, 로마 가톨릭교회의 공식 성경이 되었습니다. 또한, 종교 개혁 이전까지 로마 가톨릭
교회의 성경 읽기와 교리 교육의 중심 역할을 했습니다..

2. 주기도문, 라틴어 발음

파테르 노스테르, 퀴 에스 인 카엘리스,
Pater noster, qui es in caelis,
하늘에 계신 우리 아버지여

상크티피체투르　노멘　투움;
sanctificetur nomen tuum;
이름이 거룩히 여김을 받으시오며

아드베니앗　레그눔　투움;
adveniat regnum tuum;
나라가 임하시오며

피앗 볼룬타스　투아, 시쿳　인 카엘로, 에트 인 테라.
fiat voluntas tua, sicut in caelo, et in terra.
뜻이 하늘에서 이루어진 것 같이 땅에서도 이루어지이다

파넴　　노스트룸　　코티디아눔　다 노비스 호디에;
Panem nostrum quotidianum da nobis hodie;

오늘 우리에게 일용할 양식을 주시옵고

에트 디미테　노비스 데비타 노스트라, 시쿳 에트 노스　디미티무스　데비토리부스 노스트리스;
et dimitte nobis debita nostra, sicut et nos dimittimus debitoribus nostris;

우리가 우리에게 죄 지은 자를 사하여 준 것같이 우리 죄를 사하여 주시옵고

에트 네 노스 인두카스 인　　텐타치오넴,　세드 리베라 노스 아 말로.
et ne nos inducas in tentationem, sed libera nos a malo.

우리를 시험에 들게 하지 마시옵고 다만 악에서 구하시옵소서

퀴아　투움 에스트 레그눔,　에트 포테스타스, 에트 글로리아 인 세쿨라.　아멘.
quia tuum est regnum, et potestas, et gloria in saecula. Amen.

나라와 권세와 영광이 아버지께 영원히 있사옵나이다 아멘

3. 주기도문, 간략한 라틴어 문법

1) Pater noster, qui es in caelis
하늘에 계신 우리 아버지여

- **Pater**(파테르, 아버지)
  - ▶ 뜻 : "아버지"
  - ▶ 문법 : 명사, 주격, 단수
  - ▶ 설명 : 이 단어는 문장의 주어로 사용되며, "아버지"를 의미합니다.

- **noster**(노스테르, 우리의)
  - ▶ 뜻 : "우리의"
  - ▶ 문법 : 소유 대명사, 주격, 단수, 남성
  - ▶ 설명 : "아버지"를 수식하여 "우리의 아버지"라는 의미를 전달합니다. 여기서 "noster(노스테르, 우리의)"는 "Pater(파테르, 아버지)"와 소유관계를 나타냅니다.

- **qui**(퀴)
  - ▶ 뜻 : "~인, ~하는"(관계 대명사)
  - ▶ 문법 : 관계 대명사, 주격, 단수

▶ 설명 : 이 단어는 선행사 "Pater(파테르, 아버지)"를 수식하는 관계절
을 이끕니다. 주격 형태로 사용되어 "Pater(파테르, 아버지)"가
어떤 상태("하늘에 계신")에 있는지를 설명합니다.

● **es**(에스)

▶ 뜻 : "(너는) ~이다"

▶ 문법 : 동사, 2인칭 단수, 직설법, 현재형

▶ 설명 : 주어 "qui(퀴, ~인/~하는)"에 대응하는 동사로, "있다" 또는 "계
시다"라는 의미입니다. 여기서는 "Pater(파테르, 아버지)"가 "하
늘에 계신다"는 것을 나타냅니다.

● **in**(인)

▶ 뜻 : "~안에, ~에서"(전치사)

▶ 문법 : 전치사

▶ 설명 : 장소를 나타내는 전치사로, "caelis(카엘리스)"와 함께 "하늘
에"라는 의미가 됩니다.

● **caelis**(카엘리스)

▶ 뜻 : "하늘"

▶ 문법 : 명사, 탈격, 복수(caelum 카엘룸의 복수형)

▶ 설명 : "caelum(카엘룸)"의 복수형으로, 전치사 "in(인)"의 목적어로
사용되어 "하늘에"라는 의미가 됩니다. 탈격* 형태로 "in(인)"
과 함께 장소를 나타냅니다.

● 전체 해석

▶ 라틴어 원어에 충실한 해석 : "우리 아버지, 하늘에 계신 그 분"

* 탈격이 무엇인가요?

탈격은 라틴어와 같은 굴절 언어에서 사용되는 문법 용어로, 특정 전치사와 함께 사용되어 "어디에서" 또는 "어디로부터"와 같이 장소나 출처를 나타낼 때 쓰이는 격입니다.

라틴어에는 여러 가지 격이 있습니다. 각각의 격은 명사가 문장에서 특정한 역할을 하도록 구분해 줍니다. 주요 격은 주격, 속격, 여격, 대격, 탈격이 있습니다. 특히, 탈격은 "어디에서", "어디로부터", "어떤 도구를 사용하여" 등의 뜻을 나타낼 때 쓰입니다.

격변화 예시
- caelum(카엘룸) - 주격 단수, "하늘"
- caeli(카엘리) - 속격 단수, "하늘의"
- caelo(카엘로) - 탈격 단수, "하늘에서"
- caelis(카엘리스) - 탈격 복수, "하늘들에서"

이런 격변화 과정을 통해 기본 명사의 어미를 주격에서 속격, 탈격 등으로 바꿔가며 그 의미를 달리하게 됩니다.

2) sanctificetur nomen tuum

이름이 거룩히 여김을 받으시오며

● **sanctificetur**(상크티피케투르, 거룩히 여김을 받으시오며)

▸ 뜻 : "거룩히 여김을 받으시오며"

▸ 문법 : 동사, 3인칭 단수, 수동태, 접속법, 현재형

▸ 설명 : "sanctifico(상크티피코, 거룩히 하다)"의 수동태 형태로, "거룩히 여김을 받다"라는 의미입니다. 접속법 형태로 사용되어, 희망이나 기원을 나타냅니다. 주기도문에서 "이름이 거룩히 여김을 받으시오며"라는 기도를 통해 하나님의 이름이 거룩하게 되기를 바라는 간구로 쓰였습니다.

● **nomen**(노멘, 이름)

▸ 뜻 : "이름"

▸ 문법 : 명사, 주격, 단수, 중성

▸ 설명 : 주어로 사용되어 "이름"을 의미합니다. 여기서는 하나님의 이름이 거룩하게 되기를 바라는 기원에서 주어로 등장합니다.

● **tuum**(투움, 당신의)

▸ 뜻 : "당신의"

▶ 문법 : 소유 대명사, 주격, 단수, 중성

▶ 설명 : "nomen(노멘)"을 수식하여 "당신의 이름"을 의미합니다. 주어인 "nomen(노멘, 이름)"과 일치하도록 주격, 단수, 중성 형태를 취했습니다.

● 전체 해석

▶ 라틴어 원어에 충실한 해석 :

"당신의 이름이 거룩하게 여김을 받으소서"

3) adveniat regnum tuum

나라가 임하시오며

- **adveniat**(아드베니아트, 임하시오며)
  - ▶ 뜻 : "임하시오며"
  - ▶ 문법 : 동사, 3인칭 단수, 접속법, 현재형
  - ▶ 설명 : 동사 "advenio(아드베니오, 오다, 도착하다)"의 접속법* 형태로, "임하다" 또는 "도착하다"라는 의미입니다. 여기서는 하나님의 나라가 이 땅에 임하기를 바라는 기원으로 사용되었습니다.

- **regnum**(레그눔, 나라/왕국)
  - ▶ 뜻 : "나라, 왕국"
  - ▶ 문법 : 명사, 주격, 단수, 중성
  - ▶ 설명 : "regnum(레그눔)"은 "나라"를 의미하는 명사로, 하나님의 나라를 지칭합니다. 여기서는 주어로 사용되었으며, 하나님의 통치와 권위가 이 땅에서 실현되기를 바라는 기도의 "대상"이 됩니다.

- **tuum**(투움, 당신의)

  ▸ 뜻 : "당신의"

  ▸ 문법 : 소유 대명사, 주격, 단수, 중성

  ▸ 설명 : "regnum(레그눔, 나라/왕국)"을 수식하며, "당신의 나라"를 의
  미합니다. 명사 "regnum"과 일치하도록 주격, 단수, 중성 형
  태를 취합니다.

- **전체 해석**

  ▸ 라틴어 원어에 충실한 해석 :
  "당신의 나라가 오게 하소서"

* 접속법이 무엇인가요?

접속법은 "바람"이나 "희망" 또는 "가능성" 같은 뜻을 표현할 때 쓰이는
동사의 형태입니다. 예를 들어, 우리가 "나라가 임하소서"라고 말할 때,
그 나라가 실제로 올지 안 올지는 모르지만, 그렇게 되기를 바라는 마음
을 표현한 것입니다. 이럴 때 "나라가 임하소서"라는 문장에서 "임하소
서"라는 동사가 접속법으로 쓰인 것입니다. 다시 말해서, 접속법은 어떤
일이 일어나기를 바랄 때 또는 상상하거나 가능성을 표현할 때 사용하는
동사의 특별한 형태입니다.

4) fiat voluntas tua, sicut in caelo, et in terra

뜻이 하늘에서 이루어진 것 같이 땅에서도 이루어지이다

● **fiat**(피앗, 이루어지이다)

  ▶ 뜻 : "이루어지이다"

  ▶ 문법 : 동사, 3인칭 단수, 접속법, 현재형, 수동태

  ▶ 설명 : 동사 "fio(피오, 되다)"의 접속법 형태로, "이루어지다" 또는 "실
       현되다"라는 의미입니다. 여기서는 하나님의 뜻이 실현되기
       를 바라는 기원으로 사용되었습니다.

● **voluntas**(볼룬타스, 하나님의 뜻/의지)

  ▶ 뜻 : "뜻, 의지"

  ▶ 문법 : 명사, 주격, 단수, 여성

  ▶ 설명 : "voluntas(볼룬타스)"는 하나님의 계획, 의도, 또는 목적을 가
       리키기 때문에 "하나님의 뜻"으로 해석하는 것이 좋습니다.

● **tua**(투아, 당신의)

  ▶ 뜻 : "당신의"

  ▶ 문법 : 소유 대명사, 주격, 단수, 여성

  ▶ 설명 : "voluntas(볼룬타스, 뜻)"을 수식하여 "당신의 뜻"을 의미합니

다. 명사 "voluntas(볼룬타스, 뜻)"와 일치하도록 주격, 단수, 여
성 형태를 취하였습니다.

- **sicut**(시쿳, ~처럼/~같이)
  - ▶뜻 : "~처럼, ~같이"
  - ▶문법 : 접속사
  - ▶설명 : 비교를 나타내는 접속사로, "하늘에서 이루어진 것 같이"라
    는 비교 구문을 이끕니다.

- **in caelo**(인 카엘로, 하늘에서)
  - ▶뜻 : "하늘에서"
  - ▶문법 : 전치사구(전치사 "in" + 명사 "caelo")
  - ▶설명 : "하늘에서"라는 장소를 나타내며, 하나님의 뜻이 완전히 이
    루어진 곳을 가리킵니다. "caelo(카엘로)"는 명사 "caelum(카엘
    룸, 하늘)"의 탈격 단수 형태입니다.

- **et**(엣, 그리고)
  - ▶뜻 : "그리고"
  - ▶문법 : 접속사
  - ▶설명 : 두 문장을 연결하는 접속사로, "하늘에서 이루어진 것 같이
    땅에서도 이루어지이다"라는 구문을 이어줍니다.

- **in terra**(인 테라, 땅에서)

  ▶ 뜻 : "땅에서"

  ▶ 문법 : 전치사구(전치사 "in(인)" + 명사 "terra(테라)")

  ▶ 설명 : "땅에서"라는 장소를 나타내며, 하나님의 뜻이 실현되기를
  바라는 곳을 가리킵니다. "terra(테라)"는 명사 "terra(테라, 땅)"
  의 탈격 단수 형태입니다.

- **전체 해석**

  ▶ 라틴어 원어에 충실한 해석 :
  당신의 뜻이 하늘에서와 같이 땅에서도 이루어지소서"

5) Panem nostrum quotidianum da nobis hodie
오늘 우리에게 일용할 양식을 주시옵고

● **Panem**(파넴, 빵/양식)

▶ 뜻 : "빵, 양식"

▶ 문법 : 명사, 대격, 단수, 남성

▶ 설명 : "Panem(파넴)"은 "빵" 또는 "양식"을 의미하며, 문장에서 직
　　　　접목적어로 사용됩니다. 여기서는 하나님께 간구하는 "일용
　　　　할 양식"을 나타냅니다.

● **nostrum**(노스트룸, 우리의)

▶ 뜻 : "우리의"

▶ 문법 : 소유 대명사, 대격, 단수, 남성

▶ 설명 : "nostrum(노스트룸)"은 "우리의"라는 뜻으로, "panem(파넴, 양
　　　　식)"을 수식하여 "우리의 양식"을 의미합니다. "Panem(파넴,
　　　　양식)"과 일치하도록 대격, 단수, 남성 형태를 취하였습니다.

● **quotidianum**(쿠오티디아눔, 일용할/매일의)

▶ 뜻 : "일용할, 매일의"

▶ 문법 : 형용사, 대격, 단수, 남성

▶ 설명 : "quotidianum(쿠오티디아눔)"은 "매일의" 또는 "일용할"이라는 의미로, "panem(파넴, 양식)"을 수식하여 "일용할 양식"을 나타냅니다. "Panem(파넴, 양식)"과 일치하도록 대격*, 단수, 남성 형태를 취합니다.

● **da**(다, 주시오)

▶ 뜻 : "주시오"

▶ 문법 : 동사, 2인칭 단수 명령형

▶ 설명 : "da(다)"는 동사 "do(도, 주다)"의 명령형으로, "주시옵소서"라는 뜻입니다. 여기서는 하나님께 양식을 주시기를 간구하는 표현입니다.

● **nobis**(노비스, 우리에게)

▶ 뜻 : "우리에게"

▶ 문법 : 인칭 대명사, 여격, 복수

▶ 설명 : "nobis(노비스)"는 "우리에게"라는 의미로, 간접목적어 역할을 합니다. "양식을 우리에게 주시옵소서"라는 문맥에서 사용됩니다.

● **hodie**(호디에, 오늘)

▶ 뜻 : "오늘"

▶ 문법 : 부사

▸ 설명 : "hodie"는 "오늘"을 의미하는 부사로, 양식을 주시는 시점을 나타냅니다. "오늘 우리에게"라는 의미로 사용됩니다.

● 전체 해석

▸ 라틴어 원어에 충실한 해석 :

"오늘 우리에게 우리의 일용할 빵을 주소서."

* 대격은 무엇인가요?

대격(Akkusativus, 아쿠사티부스)은 라틴어와 같은 굴절어에서 사용되는 문법 용어로, 주로 동사의 직접목적어를 나타낼 때 쓰이는 격을 말합니다. 즉, 동작의 결과를 받는 대상이나 동작이 미치는 대상을 가리킵니다. 예를 들어

- "Librum lego."(리브룸 레고, 나는 책을 읽는다.)
  ※ "Librum(책)"은 "lego(읽는다)"의 직접목적어가 됩니다. 이때, "librum(리브룸)"이 대격이 됩니다.

- "Panem edimus."(파넴 에디무스, 우리는 빵을 먹는다.)
  ※ "Panem(빵)"은 "edimus(먹는다)"의 직접목적어가 됩니다. 이때, "panem(빵)"이 대격이 됩니다.

6) et dimitte nobis debita nostra,
   sicut et nos dimittimus debitoribus nostris

우리가 우리에게 죄 지은 자를 사하여 준 것같이
우리 죄를 사하여 주시옵고

- **et**(엣, 그리고)

  ▶ 뜻 : "그리고"

  ▶ 문법 : 접속사

  ▶ 설명 : 두 구절을 연결합니다.

- **dimitte**(디밋테, 사하여 주시옵고)

  ▶ 뜻 : "사하여 주시옵고"

  ▶ 문법 : 동사, 2인칭 단수, 명령형

  ▶ 설명 : "dimittere(디밋테레, 용서하다)"의 명령형으로, "사하여 주시옵
    고"라는 뜻입니다. 기도를 통해 간청하는 의미를 담고 있습
    니다.

- **nobis**(노비스, 우리에게)

  ▶ 뜻 : "우리에게"

  ▶ 문법 : 인칭 대명사, 여격, 복수

  ▶ 설명 : 간접목적어로 사용되어 "우리에게"라는 의미입니다.

- **debita**(데비타, 죄/빚)

  ▶ 뜻 : "죄, 빚"

  ▶ 문법 : 명사, 대격, 복수, 중성

  ▶ 설명 : "죄" 또는 "빚"을 의미하며, 여기서는 대격으로 사용되어 "사
  함을 받는 대상"을 나타냅니다.

- **nostra**(노스트라, 우리의)

  ▶ 뜻 : "우리의"

  ▶ 문법 : 소유 대명사, 대격, 복수, 중성

  ▶ 설명 : "debita(데비타, 죄/빚)"를 수식하여 "우리의 죄"를 의미합니다.
  명사 "debita(데비타)"와 일치하도록 대격, 복수, 중성 형태를
  취했습니다.

- **sicut**(시쿳, ~같이)

  ▶ 뜻 : "~같이"

  ▶ 문법 : 접속사

  ▶ 설명 : 비교를 나타내며, 앞 문장과 뒤 문장을 비교하고, "~같이"의
  의미를 전달합니다.

- **et**(엣, 그리고)

  ▶ 뜻 : "그리고"

  ▶ 문법 : 접속사

▶ 설명 : 두 문장을 연결하여 "그리고" 또는 "또한"의 의미를 전달합
니다.

● **nos**(노스, 우리가)

▶ 뜻 : "우리가"

▶ 문법 : 인칭 대명사, 주격, 복수

▶ 설명 : 주어로서 "우리가"를 나타냅니다.

● **dimittimus**(디밋티무스, 사하여 주다)

▶ 뜻 : "사하여 주다"

▶ 문법 : 동사, 1인칭 복수, 직설법, 현재형

▶ 설명 : "우리가 사하여 주다"라는 의미입니다.

● **debitoribus**(데비토리부스, 빚진 자들)

▶ 뜻 : "빚진 자들"

▶ 문법 : 명사, 여격, 복수, 남성

▶ 설명 : "빚진 자들" 또는 "우리에게 죄지은 자들"을 의미하며, 간접
목적어로 사용되었습니다.

● **nostris**(노스트리스, 우리의)

▶ 뜻 : "우리의"

▶ 문법 : 소유 대명사, 여격, 복수, 남성

▶ 설명 : "debitoribus(데비토리부스, 빚진 자들)"을 수식하여 "우리의 빚진 자들" 또는 "우리에게 죄지은 자들"을 의미합니다.

● 전체 해석

▶ 라틴어 원어에 충실한 해석 :

"그리고 우리의 빚을 우리에게 용서하소서, 우리가 우리의 빚진 자들을 용서한 것처럼"

7) et ne nos inducas in tentationem, sed libera nos a malo

우리를 시험에 들게 하지 마시옵고 다만 악에서 구하시옵소서

- **et**(엣, 그리고)
  - ▸ 뜻 : "그리고"
  - ▸ 문법 : 접속사
  - ▸ 설명 : 두 문장을 이어주는 역할을 합니다.

- **ne**(네, ~하지 마시옵고)
  - ▸ 뜻 : "~하지 마시옵고"
  - ▸ 문법 : 부정 접속사
  - ▸ 설명 : 부정적인 명령이나 기원을 표현하는 접속사로, "inducas(인 두카스, 들게 하다)"라는 동사와 함께 사용되어 "들게 하지 마시옵고"라는 뜻이 됩니다.

- **nos**(노스, 우리)
  - ▸ 뜻 : "우리"
  - ▸ 문법 : 인칭 대명사, 대격, 복수
  - ▸ 설명 : "우리"를 의미하며, "inducas(인두카스, 들게 하다)"의 직접목적 어로 사용되어 "우리를"이라는 의미가 됩니다.

- **inducas**(인두카스, 들게 하다)
  - ▶ 뜻 : "들게 하다"
  - ▶ 문법 : 동사, 2인칭 단수, 접속법, 현재형, 능동태
  - ▶ 설명 : "inducere(인두체레, 들이다)"의 접속법 현재형으로, 기원이나 명령을 표현하며 "들게 하다"라는 의미입니다.

- **in**(인, ~안에/~로)
  - ▶ 뜻 : "~안에, ~로"
  - ▶ 문법 : 전치사
  - ▶ 설명 : 장소나 방향을 나타내는 전치사로, 여기서는 "tentationem(텐타티오넴, 시험/유혹)"과 함께 "시험에"라는 뜻이 됩니다.

- **tentationem**(텐타티오넴, 시험/유혹)
  - ▶ 뜻 : "시험, 유혹"
  - ▶ 문법 : 명사, 대격, 단수, 여성
  - ▶ 설명 : "시험" 또는 "유혹"을 의미하는 명사로, "inducas(인두카스, 들 게 하다)"의 목적어로 사용되었습니다.

- **sed**(세드, 그러나)
  - ▶ 뜻 : "그러나"
  - ▶ 문법 : 접속사
  - ▶ 설명 : 앞의 내용을 부정하고 뒤의 내용을 강조하는 역할을 하는

접속사로, "들게 하지 마시옵고"에 이어 "구하시옵소서"로 연결합니다.

- **libera**(리베라, 구하시옵소서)
  - ▶ 뜻 : "구하시옵소서"
  - ▶ 문법 : 동사, 2인칭 단수, 명령형, 능동태
  - ▶ 설명 : "liberare(리베라레, 구하다)"의 명령형으로, "구하시옵소서"라는 의미가 됩니다.

- **nos**(노스, 우리)
  - ▶ 뜻 : "우리"
  - ▶ 문법 : 인칭 대명사, 대격, 복수
  - ▶ 설명 : "libera(리베라)"의 직접목적어로 사용되어 "우리를"이라는 의미가 됩니다.

- **a**(아, ~에서)
  - ▶ 뜻 : "~에서"
  - ▶ 문법 : 전치사
  - ▶ 설명 : 원인이나 출발점을 나타내는 전치사로, "malo(말로, 악)"와 함께 "악에서"라는 뜻이 됩니다.

- **malo**(말로, 악)
  - ▶ 뜻 : "악"

▸ 문법 : 명사, 탈격, 단수, 중성

▸ 설명 : "악"을 의미하는 명사로, 전치사 "a(아)"와 함께 사용되어 "악에서"라는 의미가 됩니다.

● **전체 해석**

▸ 라틴어 원어에 충실한 해석 :

"그리고 우리를 시험에 들게 하지 마소서, 그러나 우리를 악에서 구해주소서"

8) **quia tuum est regnum, et potestas,**
   et gloria in saecula. Amen.

나라와 권세와 영광이 아버지께 영원히 있사옵나이다. 아멘.

● **quia**(쿠이아, 왜냐하면/~이기 때문에)

  ▶ 뜻 : "왜냐하면, ~이기 때문에"

  ▶ 문법 : 접속사

  ▶ 설명 : 이 구절을 시작하는 접속사로, 뒤에 오는 내용이 앞에서 언
          급된 이유나 원인을 설명합니다. 우리 옛 성경에서는 이 단
          어를 "대개(大蓋)"로 번역한 사례가 있으며, "대개"는 '일의 큰
          원칙으로 말하건대'라는 의미로 해석되었습니다. 한편, 대개
          (大槪)로 번역한 성경도 있습니다. 이를 해석하면 '일반적인
          경우에(generally)'로 해석됩니다.

● **tuum**(투움, 당신의)

  ▶ 뜻 : "당신의"

  ▶ 문법 : 소유 대명사, 주격, 단수, 중성

  ▶ 설명 : 주어로 사용된 명사인 "regnum(레그눔, 나라)"을 수식하며,
          "당신의 나라"라는 의미입니다. "regnum(레그눔)"과 일치하여
          주격, 단수, 중성 형태를 취했습니다.

- **est**(에스트, ~이다)

  ▶ 뜻 : "~이다"

  ▶ 문법 : 동사, 3인칭 단수, 직설법, 현재형

  ▶ 설명 : 주어와 보어를 연결하여 "~이다"라는 의미를 전달합니다. "r egnum(레그눔, 나라)"이 "당신의" 것임을 나타냅니다.

- **regnum**(레그눔, 나라)

  ▶ 뜻 : "나라"

  ▶ 문법 : 명사, 주격, 단수, 중성

  ▶ 설명 : 이 문장에서 "tuum(투움, 당신의)"과 함께 사용되어 "당신의 날"이라는 의미가 됩니다. 주어로 사용되었습니다.

- **et**(엣, 그리고)

  ▶ 뜻 : "그리고"

  ▶ 문법 : 접속사

  ▶ 설명 : 여러 요소를 연결하는 접속사로, "potestas(포테스타스, 권세)"와 "gloria(글로리아, 영광)", "regnum(레그눔, 나라)"을 연결합니다.

- **potestas**(포테스타스, 권세/힘)

  ▶ 뜻 : "권세, 힘"

  ▶ 문법 : 명사, 주격, 단수, 여성

  ▶ 설명 : "나라"와 함께 사용되며, 신의 통치, 힘, 권위를 나타냅니다.

- **gloria**(글로리아, 영광)

  ▶ 뜻 : "영광"

  ▶ 문법 : 명사, 주격, 단수, 여성

  ▶ 설명 : 신의 통치에서 나오는 영광을 의미합니다.

- **in saecula**(인 새쿨라, 영원히/세세토록)

  ▶ 뜻 : "영원히, 세세토록"

  ▶ 문법 : 전치사구(전치사 "in(인)" + 명사 "saecula(새쿨라)")

  ▶ 설명 : 시간의 영속성을 나타내며, "영원히" 또는 "세세토록"이라는
  의미로 사용됩니다.

- **Amen**(아멘, 진실로)

  ▶ 뜻 : "진실로"

  ▶ 문법 : 감탄사

  ▶ 설명 : 기도의 마무리로, 확언과 동의의 표현입니다.

- **전체 해석**

  ▶ 라틴어 원어에 충실한 해석 :
  "왜냐하면 나라와 권세와 영광이 당신의 것이기 때문입니다, 영원
  히. 아멘."

4. 주기도문, 헬라어와 라틴어 비교하여 배우기

1) 하늘에 계신 우리 아버지여
(Our Father in heaven)

헬라어	Πάτερ ἡμῶν ὁ ἐν τοῖς οὐρανοῖς 파테르 헤몬 호 엔 토이스 우라노이스
라틴어	Pater noster, qui es in caelis 파테르 노스테르, 퀴 에스 인 카엘리스

문법적 차이점에 따른 해석*

● 헬라어 직역 : "아버지여, 우리의, 하늘에 계신"

헬라어는 "Πάτερ(파테르, 아버지여)"라는 호격으로 시작하며, "ἡμῶν
(헤몬, 우리의)"과 "ὁ ἐν τοῖς οὐρανοῖς(호 엔 토이스 우라노이스, 하늘에 계

---

* 헬라어와 라틴어의 해석이 다른 경우 헬라어를 따릅니다. 헬라어는 신약성경의 원문이기 때문
입니다. 성경학자 브루스 메츠거(Bruce Metzger)는 헬라어 원문이 성경 해석의 기초라고 강
조합니다. 따라서 헬라어의 정확한 의미와 문맥을 이해하는 것이 중요하며, 라틴어 번역은 이를
보완하는 도구로 사용될 수 있다고 말합니다.

신)"가 "아버지"를 수식합니다. 이 구절에서는 "아버지여! 우리의(아버지), 하늘에 계신(아버지)"처럼, 강조점이 "아버지"에 있습니다. 호격호(ὁ)를 사용해 아버지를 직접적으로 부르는 형식입니다.

● 라틴어 직역 : "우리의 아버지, 하늘에 계신 분"

라틴어는 "Pater noster(파테르 노스테르, 우리의 아버지)"라는 주격으로 시작하며, 이어지는 "qui es in caelis(퀴 에스 인 카엘리스, 하늘에 계신 분)"가 "Pater(파테르, 아버지)"를 서술적으로 설명합니다. "우리의 아버지, 하늘에 계신 분이시여"처럼, "하늘에 계신"이라는 설명이 "아버지"라는 주어에 종속되어 있습니다. 주격을 사용해 더 서술적인 형식을 취합니다.

2) 이름이 거룩히 여김을 받으시오며
(Hallowed be your name)

헬라어	ἁγιασθήτω τὸ ὄνομά σου 하기아스테토 토 오노마 수
라틴어	sanctificetur nomen tuum 상크티피체투르 노멘 투움

문법적 차이점에 따른 해석

● 헬라어 직역 : "거룩하게 되소서, 그 이름, 당신의"

"Ἁγιασθήτω(하기에스테토)"는 "거룩하게 되소서"라는 명령형 수동태
이며, "τὸ ὄνομά σου(토 오노마 수)"는 "당신의 이름"을 뜻합니다. 헬라
어에서는 이 구절에서 동사를 먼저 제시한 뒤, 목적어인 "이름"을 제
시하였으며, 마지막으로 "당신의"라는 소유 대명사를 붙였습니다.
즉, 중요한 행동(거룩하게 되소서)을 먼저 제시한 후 그 행동의 대상(이
름)이 무엇인지를 보여주고 있습니다.

● 라틴어 직역 : "거룩하게 되소서, 이름, 당신의"

"Sanctificetur(상크티피체투르)"는 "거룩하게 되소서"라는 3인칭 단수

수동태 접속법이며, "nomen tuum(노멘 투움)"은 "당신의 이름"을 의미합니다. 헬라어와 마찬가지로 동사부터 시작하여, 그 뒤에 목적어와 소유 대명사를 배치했습니다. 라틴어 문법 구조도 헬라어와 유사하며, 명령(거룩하게 되소서)과 대상(이름)의 순서가 동일합니다.

- 헬라어와 라틴어의 수동태 명령법은 유사합니다. 브루스 메츠거(Bruce Metzger)는 헬라어와 라틴어의 수동태 명령법이 모두 하나님의 이름이 거룩하게 되는 행동이 인간의 행위에 의해 거룩하게 되는 것이 아니라, 하나님 자신의 권능에 의해 거룩하게 됨을 나타낸다고 보았습니다. 따라서 우리말로 충실하게 번역하면, "당신의 이름이 거룩히 여김을 받으시오며"가 됩니다.

- 헬라어 수동태 명령법은 명령의 직접성을 강조합니다. 즉, 청자에게 직접적인 행동이나 상태의 변화를 요청합니다. 직접적 명령의 특징은 명령의 대상이 되는 행위자가 직접 행동을 취할 것을 요구합니다. 예를 들어 "행동하라", "와라"와 같이 요구합니다. 이에 반해 라틴어 수동태 명령법은 서술적 명령의 경향이 있습니다. 이것은 주로 상태나 결과가 이루어지기를 바라는 소망을 나타내며, 명령보다는 희망의 의미를 내포합니다. 예를 들어 "행동이 이루어지기를", "결과가 나타나기를"과 같이 해석됩니다.

3) 나라가 임하시오며

(Your kingdom come)

헬라어	ἐλθέτω ἡ βασιλεία σου 엘세토 헤 바실레이아 수
라틴어	adveniat regnum tuum 아드베니앗 레그눔 투움

문법적 차이점에 따른 해석

● 헬라어 직역 : "오소서, 그 나라, 당신의"

"ἐλθέτω(엘세토)"는 "오소서"라는 명령형 3인칭 단수 동사이며, 직접적인 행동을 요구합니다. "ἡ βασιλεία(헤 바실레이아)"는 "그 나라"를 의미하며, "σου(수)"는 "당신의"라는 소유 대명사입니다. 동사를 먼저 제시하여 행동을 강조하고, 그 뒤에 대상(나라)과 소유자(당신의)를 연결하였습니다.

● 라틴어 직역 : "오소서, 나라, 당신의"

"adveniat(아드베니앗)"은 "오소서"라는 3인칭 단수 접속법 동사이며, 직접적인 명령보다는 좀 더 공손하고 설명적인 표현입니다. "regnum

(레그눔)"은 "나라"를 의미하며, "tuum(투움)"은 "당신의"라는 소유 대명사입니다. 라틴어도 헬라어와 비슷하게 동사를 먼저 배치하여 행동을 강조하고, 그 뒤에 목적어(나라)와 소유 대명사(당신의)를 배치하였습니다.

4) 뜻이 이루어지게 하소서
(Your will be done)

헬라어	γενηθήτω τὸ θέλημά σου 게네세토 토 텔레마 수
라틴어	fiat voluntas tua 피앗 볼룬타스 투아

문법적 차이점에 따른 해석

● 헬라어 직역 : "이루어지소서, 그 뜻, 당신의"

"γενηθήτω(게네세토)"는 "이루어지소서"라는 명령형 3인칭 단수 수
동태 동사입니다. 뜻이 이루어지기를 간구하는 직접적인 명령을 나
타냅니다. 따라서 "이루어지게 하라"는 명령의 형태로 번역될 수 있
습니다. "τὸ θέλημά(토 텔레마)"는 "그 뜻"을 의미하며, "σου(수)"는 "당
신의"라는 소유 대명사입니다. 동사를 먼저 제시하여 '행동(이루어지
다)'을 강조하고, 그 뒤에 '대상(뜻)'과 '소유자(당신의)'를 연결하였습
니다.

● 라틴어 직역 : "이루어지소서, 뜻, 당신의"

"fiat(피앗)"은 "이루어지소서"라는 3인칭 단수 접속법 수동태 동사입니다. "이루어지게 하소서"라는 명령의 형태이지만, 헬라어보다 더 서술적인 느낌의 형태로 번역될 수 있습니다. "voluntas(볼룬타스)"는 "뜻"을 의미하며, "tua(투아)"는 "당신의"라는 소유 대명사입니다. 헬라어와 비슷하게 동사를 먼저 배치하여 '행동(이루어지다)'을 강조하고, 그 뒤에 '목적어(뜻)'와 '소유대명사(당신의)'를 배치하였습니다.

5) 하늘에서와 같이 땅에서도

(on earth as it is in heaven)

헬라어	ὡς ἐν οὐρανῷ καὶ ἐπὶ γῆς 호스 엔 우라노 카이 에피 게스
라틴어	sicut in caelo et in terra 시쿠트 인 카엘로 에트 인 테라

문법적 차이점에 따른 해석

● 헬라어 직역 : "하늘에서와 같이, 그리고 땅 위에서"

ἐν(엔)과 ἐπὶ(에피)라는 두 가지 전치사가 사용되었습니다. ἐν(엔)은 하늘"에서"를 나타내며, ἐπὶ(에피)는 땅 "위에"라는 뉘앙스를 가진 전치사입니다. 즉, 하늘은 "안에", 땅은 "위에"라는 의미를 강조하면서 하늘과 땅의 다른 위치를 구체적으로 묘사합니다. 따라서 이를 헬라어식으로 해석한다면, "하늘 안에서 이루어진 것처럼 땅 위에서도 이루어지이다."라고 해석됩니다. 즉, 하늘과 땅이 구체적으로 공간적차이가 있는 것으로 묘사되고 있으며, 하늘은 안에서, 땅은 위에서일어나는 사건으로 구분합니다.

● 라틴어 직역 : "하늘에서와 같이, 그리고 땅에서"

라틴어에서는 동일하게 in(인)이라는 전치사를 사용하여 하늘"에서"
와 땅"에서"를 동일한 구조로 표현합니다. 즉, 하늘과 땅 모두 같은
전치사 in(인)으로 처리하여 헬라어에 비해 차이가 없으며 더 단순
한 구조입니다. 따라서 이를 라틴어식으로 해석한다면, "하늘에서
이루어진 것처럼 땅에서도 이루어지이다."라고 해석할 수 있습니다.
즉, 하늘과 땅을 같은 방식으로 표현하여 차별화 없이 동등하게, 동
일한 범주 내에서 이루어지는 영역임을 나타냅니다.

6) 우리에게 일용할 양식을 주시옵고

(Give us today our daily bread)

헬라어	τὸν ἄρτον ἡμῶν τὸν ἐπιούσιον δὸς ἡμῖν σήμερον 톤 아르톤 헤몬 톤 에피우시온 도스 헤민 세메론
라틴어	panem nostrum quotidianum da nobis hodie 파넴 노스트룸 쿠오티디아눔 다 노비스 호디에

문법적 차이점에 따른 해석

● 헬라어 직역 : "그 우리의, 일용할 빵/양식을, 우리에게 주시옵소서,
오늘"

ἐπιούσιον(에피우시온, 일용할)이라는 형용사는 ἄρτον(아르톤, 빵/양식)
뒤에 위치합니다. 즉, 헬라어는 "일용할 빵/양식"이라는 중요한 의미
를 먼저 설명하고, 빵/양식이 특정한 목적을 위한 것임을 나중에 설
명합니다. 또한, δὸς(도스, 주시옵고)라는 동사*는 문장의 중간에 위
치합니다. 이 위치는 간청의 흐름을 자연스럽게 이어가면서 "우리에
게 일용할 양식을 주시옵소서"라는 부드러운 청원의 느낌을 줍니다.
헬라어 문장은 이렇게 형용사(일용할)와 명사(빵/양식)를 먼저 설명한
후, 동사(주시옵고)로 연결해 자연스러운 흐름을 유지합니다.

● 라틴어 직역 : "빵을, 우리의 일용할, 주시옵소서, 우리에게, 오늘"

panem(파넴, 빵/양식)이 문장의 앞부분에 오고, 그 뒤에 nostrum quotidianum(노스트룸 쿠오티디아눔, 우리의 일용할)이라는 형용사가 옵니다. 여기서는 먼저 "빵/양식"이라는 구체적인 필요가 강조됩니다. 그런 다음, 이 빵/양식이 "우리의" 것이며 "매일의" 양식이라는 설명이 추가됩니다. 이렇게 명사(빵/양식)가 문장의 앞부분에 나옴으로써, 먼저 필요한 것이 무엇인지 제시합니다. 또한, da(다, 주시다)라는 동사가 문장의 앞부분에 위치합니다. 이 위치는 간청의 강도를 높여주며, "주옵소서!"라고 먼저 청한 후에 "우리에게 빵을"이라고 이어가는 구조입니다. 이로써 헬라어보다 더 직접적이고 강한 요청이 강조됩니다.

* δὸς(도스)는 주다라는 의미의 동사 δίδωμι(디도미)의 2인칭 단수 명령형입니다. 명령형으로 쓰였기 때문에 기본적으로 "달라"는 의미에서 강한 요청이나 명령의 뉘앙스가 있습니다. 헬라어 명령형은 강한 의사 표현을 담고 있기 때문에, 일반적으로 "부드러운 청원"이라기보다는 "강한 간청"이나 "요구"에 가깝습니다. 그러나 주기도문의 맥락에서는 이 명령형이 하나님께 향한 간구라는 점에서, 강한 요구보다는 "간절한 청원"의 의미로 해석될 수 있습니다. 즉, 문법적으로는 명령형이지만, 종교적 기도나 경배의 맥락에서 사용될 때는 그 강한 요구가 다소 "겸손한 청원"의 뉘앙스를 띨 수 있습니다.

7) 우리의 죄를 사하여 주시옵소서

(And forgive us our debts)

헬라어	καὶ ἄφες ἡμῖν τὰ ὀφειλήματα ἡμῶν 카이 아페스 헤민 타 오페일레마타 헤몬
라틴어	et dimitte nobis debita nostra 엣 디미테 노비스 데비타 노스트라

문법적 차이점에 따른 해석

● 헬라어 직역 : "그리고 용서하소서, 우리에게, 빚들을, 우리의"

ἄφες(아페스, 용서하소서) 동사가 문장 앞에 오며, 직접적인 명령형으로 사용되었습니다. ὀφειλήματα(오페일레마타)는 "빚"을 뜻하며, 채무 또는 죄를 비유적으로 표현한 것입니다. ἡμῖν(헤민), 즉 "우리에게"라는 말이 동사 뒤에 바로 나옵니다. 용서를 받을 주체인 "우리"를 강조하기 위한 구조입니다.

● 라틴어 직역 : "그리고 용서하소서, 우리에게, 빚들을, 우리의"

라틴어 dimitte(디밋테, 용서하소서)도 같은 위치에서 명령형으로 사용되지만, 라틴어의 명령형은 조금 더 서술적인 뉘앙스*가 있습니다.

라틴어 debita(데비타)는 "빚"을 의미합니다. 죄를 빚에 비유하여 하나
님께 용서받기를 간청하고 있습니다. 라틴어에서도 nobis(노비스, 우리
에게)가 동사 뒤에 바로 오지만, 라틴어는 더 간결한 표현**으로 이루
어졌습니다.

* 라틴어에서 "서술적인 뉘앙스"가 있다는 것은, 문장이 명령형이더라도
  직설적으로 명령하는 느낌보다는 조금 더 부드럽게 표현된다는 뜻입니
  다. 즉, 표현 방식에 따라 청유나 요청의 뉘앙스를 띨 수 있습니다. 상황
  에 따라 "바람"이나 "희망"을 표현합니다. 예를 들어, "dimitte nobis deb
  ita nostra(디밋테 노비스 데비타 노스트라)"라는 구절에서 dimitte(디밋테, 용서
  하소서)는 명령형이지만, 이 명령이 강한 명령으로 들리기보다는, "우리에
  게 우리의 빚을 용서해 주십시오"라는 요청이나 간청으로 해석됩니다.

** 헬라어보다 더 간결한 라틴어
  헬라어와 라틴어 문장을 직역하면 "그리고 용서하소서, 우리에게, 빚
  들을, 우리의"가 됩니다. 이때,
  – "우리에게" : "우리에게"로 해석되는 라틴어는 nobis(노비스), 헬라어는
    ἡμῖν(헤민)입니다. 둘 다 여격입니다. 여기서 여격은 간접
    목적어로 "우리에게"를 의미하며, "용서하소서"라는 동
    사의 간접 대상이 됩니다. 즉, "누구에게 용서를 해주는
    가?"에 대한 답변입니다.
  – "우리의" : "우리의"로 해석되는 라틴어는 nostra(노스트라), 헬라어는 ἡ
    μῶν(헤몬)으로, 둘 다 소유격입니다. 소유격은 소유관계를
    나타내며, "빚들"과 연결되어 "우리의 빚들"을 의미합니다.

- 라틴어는 이런 느낌입니다.

  - dimitte nobis debita nostra(디밋테 노비스 데비타 노스트라)

    <u>우리의 빚을 용서하소서</u>

- 헬라어는 이런 느낌입니다.

  - ἄφες ἡμῖν τὰ ὀφειλήματα ἡμῶν(아페스 헤민 타 오페일레마타 헤몬)

    <u>우리에게 우리의 빚을 용서하소서</u>

- 라틴어에서 'nobis(노비스, 우리에게)'는 용서를 받을 주체를 가리킵니다. "nobis(노비스)"는 동사 'dimitte(디밋테, 용서하소서)'와 연결되어 있기 때문에, nobis(노비스)만으로도 간접목적어를 충분히 표현할 수 있습니다. 즉, "누가 용서를 받지?" – "우리"라는 정보를 이미 내포하고 있습니다.

- 헬라어에서는 'nobis(노비스, 우리에게)'처럼 간단한 구조로 표현하지 않고, ἡμῖν(헤민, "우리에게")과 ὀφειλήματα ἡμῶν(오페일레마타 헤몬, "우리의 빚들")을 각각 따로 구분합니다. ἄφες ἡμῖν(아페스 헤민)에서 ἡμῖν(헤민, "우리에게")은 용서를 받는 "우리"를 나타냅니다. 즉, 라틴어의 nobis(노비스)와 같은 역할을 하지만 헬라어에서는 그 자체로 동사와 연결되지 않습니다.

8) 우리에게 죄지은 자를 사하여 준 것 같이
(as we also have forgiven our debtors)

헬라어	ὡς καὶ ἡμεῖς ἀφήκαμεν τοῖς ὀφειλέταις ἡμῶν 호스 카이 헤메이스 아페카멘 토이스 오페일레타이스 헤몬
라틴어	sicut et nos dimisimus debitoribus nostris 시쿠트 에트 노스 디미시무스 데비토리부스 노스트리스

문법적 차이점에 따른 해석

● 헬라어 직역 : "처럼, 그리고 우리가 용서하였습니다, 그들에게, 빚진 자들, 우리의"

ἀφήκαμεν(아페카멘, 우리가 용서했다)은 부정과거 시제로 쓰였습니다. 부정과거 시제는 한 번 일어난 과거의 사건을 나타냅니다. 따라서 헬라어 구절은 한 번의 용서 행위를 가리키며, 용서가 과거에 이루어진 한 번의 사건으로 강조됩니다. 따라서 헬라어 해석은 "우리가 우리의 빚진 자들을 이미 한 번 용서한 것처럼"으로 해석할 수 있습니다.

- 라틴어 직역 : "처럼, 그리고 우리가 용서하였습니다, 빚진 자들에게, 우리의"

라틴어에서는 dimisimus(디미시무스, 우리가 용서했다)는 완료 시제로 사용되었습니다. 완료 시제는 과거에 시작된 행위가 현재에도 영향을 미치고 있음을 나타냅니다. 따라서 라틴어 구절은 용서의 행위가 과거에 시작되었지만, 그 영향이 현재에도 지속되고 있다는 뉘앙스를 나타냅니다. 따라서 라틴어 해석은 "우리가 우리의 빚진 자들을 이미 용서해왔고, 그 용서가 지금도 계속되는 것처럼"으로 해석할 수 있습니다.

- 두 문장의 구조는 비슷해 보이지만, 헬라어가 τοῖς(토이스, 그들에게)를 사용하여 우리가 용서한 사람이 다름 아닌 "그들"이라고 더 꼼꼼하게 표현하고 있습니다. 이에 반해, 라틴어는 더 간결한 구조로 표현됩니다. 즉, 헬라어식 표현은 "그들에게, (그들이 누구냐 하면) 빚진 자들"이 되고, 라틴어식 표현은 "빚진 자들에게"가 됩니다.

9) 우리를 시험에 들게 하지 마시옵고

(And lead us not into temptation)

헬라어	καὶ μὴ εἰσενέγκῃς ἡμᾶς εἰς πειρασμόν 카이 메 에이세넨케스 헤마스 에이스 페이라스몬
라틴어	et ne nos inducas in tentationem 에트 네 노스 인두카스 인 텐타티오넴

문법적 차이점에 따른 해석

● 헬라어 직역 : "그리고, 하지 마소서, 이끄소서, 우리, 안으로, 시험"

εἰσενέγκῃς(에이세넨케스)는 2인칭 단수 명령형 접속법으로 "들게 하옵소서"라는 의미이지만, 앞에 'μὴ(메)'가 부정어로 붙으면서 "하지 마옵소서"라는 의미로 바뀝니다. 즉, 'μὴ(메)'는 부정어로 동사와 결합하여 그 동사의 의미를 반대로 만드는 역할을 합니다. 헬라어 해석은 "그리고 우리를 시험에 들게 하지 마옵소서"라는 강한 부정 명령형으로, 더 강력하고 직접적인 간청의 표현입니다.

● 라틴어 직역 : "그리고, 하지 마소서, 우리를, 이끄소서, 시험, 안으로"

inducas(인두카스, 이끄소서)를 접속법 현재형으로 사용하여, 조금 더 간접적인 요청의 느낌을 줍니다. 라틴어에서는 'ne(네)'가 문장의 시작에 위치해 비슷한 부정 명령을 전달하지만, 헬라어보다 문장이 조금 더 서술적입니다. 라틴어 해석은 "그리고 우리를 시험으로 이끌지 마옵소서"이며 접속법의 사용으로 인해 간접적이며, 조금 더 부드러운 요청의 느낌이 있습니다.

● 두 언어의 문장은 매우 유사하지만, 동사의 시제와 뉘앙스에서 차이가 나며 헬라어는 더 직접적인 요청, 라틴어는 조금 더 간접적인 청원으로 해석될 수 있습니다.

10) 다만 악에서 구하옵소서

(but deliver us from the evil one)

헬라어	ἀλλὰ ῥῦσαι ἡμᾶς ἀπὸ τοῦ πονηροῦ 알라 뤼사이 헤마스 아포 투 포네루
라틴어	sed libera nos a malo 세드 리베라 노스 아 말로

문법적 차이점에 따른 해석

● 헬라어 직역 : "그러나, 구하소서, 우리를, 그 악으로부터"

"구하소서(ῥῦσαι 뤼사이)"라는 수동태 명령법을 사용하여, 우리를 악한 자로부터 건지도록 요청하는 명령적 구조를 보입니다. "뤼사이 (ῥῦσαι)"는 "구하소서"라는 명령의 의미이며, 수동태 구조를 통해 우리를 악한 자로부터 구하시는 하나님의 주도성을 나타냅니다.

● 라틴어 직역 : "그러나, 구하소서, 우리를, 악으로부터"

헬라어와 유사하게 수동태 명령법을 사용하여, "구하소서(libera, 리베라)"라고 요청하는 명령적 구조를 보입니다. "리베라(libera)"는 헬라어와 유사한 수동태 명령법으로 하나님의 구원을 요청합니다.

- 헬라어와 라틴어 모두 "구하소서"라는 뜻의 수동태 명령형을 사용했습니다. 하지만 헬라어에서 τοῦ πονηροῦ(투 포네루)는 남성 속격 단수로 "악한 자(마귀)"로도 해석될 수 있는 반면, 라틴어 malo(말로)는 중성 탈격으로 "악"이라는 추상적인 개념을 가리킵니다.

- 따라서 이를 직역하면 다음과 같습니다.

  헬라어 : "그러나 우리를 그 악한 자로부터 구하옵소서"

  라틴어 : "그러나 우리를 악으로부터 구하옵소서"

5장

주기도문,
역사로 배우기

주기도문은 제자의 삶의 본질을 포함하는,
핵심을 담은 영적 생활 지침서입니다.

The Lord's Prayer is a compact guide to the spiritual life,
encompassing the essentials of discipleship.

- 데일 알리슨(Dale Allison) : Bible Study Tools -

주 : 데일 알리슨 (Dale Allison, 1955~)은 미국의 신약 신학자이자 성서학자로, 특히 역사적 예
수 연구와 종말론 분야에서 널리 알려져 있습니다. 알리슨은 프린스턴 신학대학원(Princeton
Theological Seminary)에서 신약 성서 해석학 교수로 재직 중입니다. 알리슨은 주기도문이
신앙생활의 핵심 요소들을 압축적으로 요약한 기도문이라고 설명합니다.

1. 한문으로 쓰인 천주경(주님의 기도)

한문 在天我等父者 我等願爾名見聖 爾國臨格 爾旨承行於地 如於天焉
독음 재천아등부쟈 아등원이명현셩 이국님격 이지승힝어디 여어쳔언
음독 재천아등부자 아등원이명견성 이국임격 이지승행어지 여어천언

한문 我等望爾 今日與我 我日用糧 而免我債 如我亦免負我債者
독음 아등망이 금일여야 아일용냥 이면아채 여아역면부아채쟈
음독 아등망이 금일여아 아일용양 이면아채 여아역면부아채자

한문 又不我許陷於誘感 乃救我於凶惡 亞孟
독음 우불아히힘어유감 내구아어흉악 아등
음독 우불아허함어유감 내구아어흉악 아맹

– 한문으로 쓰인 천주경, 1835년 경, 영국

하늘에 계신 우리 아버지 되신 자여
우리가 바라옵기를 아버지의 이름이 거룩하게 여김을 받으시오며
아버지의 나라이 임하시며
아버지의 뜻이 하늘에서와 같이 땅에서도 받들어 행하여지게 하소서
오늘 우리가 아버지께 바라옵기는 나의 일용할 양식을 나에게 주시옵고
내가 나에게 빚진 자를 사한 것과 같이 나의 죄를 사하여 주시옵고
나를 유감에 빠지는 것을 허락하지 마시고,
다만 나를 흉악에서 구하여 주옵소서 아멘

– 저자 역

※ 위의 내용 중 독음이라고 표기한 부분은 1835년 경 당시 한문으로 쓰인 천주경을 어떻게 읽었는지를 보여주는, 초기 형태의 한문 발음을 나타낸 것입니다. 즉, 당시의 사람들은 한문을 읽을 때 지금과는 다른 방식으로 읽었음을 알 수 있습니다. 음독이라고 쓴 부분은 현대어의 발음을 그대로 따서 읽은 것입니다.

● 在天我等父者(재천아등부자) :
  하늘에 계신 우리 아버지 되신 자여

  ▷ 在天(재천) : 하늘에 계신 〔在(재) : ~에 있다(to be at), 天(천) : 하늘〕

  ▷ 我等(아등) : 우리(we, us) 〔cf. 我(아) : 나(I, me)〕

  ▷ 父者(부자) : 아버지(father) 〔父(부) : 아버지(father), 者(자) : 사람(person, one who)〕

● 我等願爾名見聖(아등원이명견성) :
  우리가 바라옵기를 아버지의 이름이 거룩하게 여김을 받으시오며

  ▷ 我等(아등) : 우리(we, us)

  ▷ 願(원) : 원하다, 바라다(to wish, to hope)

  ▷ 爾名(이명) : 당신의 이름(your name) 〔爾(이) : 당신(you), 名(명) : 이름(name)〕

  ▷ 見聖(견성) : 거룩히 여김을 받다(to be sanctified) 〔見(견) : 보다, 여기다 (to see, to regard), 聖(성) : 성스러운, 거룩한(holy)〕

● 爾國臨格(이국임격) :
  아버지의 나라가 임하시며

▷ **爾國(이국)** : 당신의 나라(your kingdom) 〔爾(이) : 당신(you), 國(국) : 나라 (kingdom)〕

▷ **臨格(임격)** : 임하다, 오다(to come, to arrive) 〔臨(임) : 임하다(to come), 格 (격) : 도달하다(reach, arrive)〕

● **爾旨承行於地 如於天焉**(이지승행어지 여어천언) :
아버지의 뜻이 하늘에서와 같이 땅에서도 받들어 행하여지게 하소서

▷ **爾旨承行於地(이지승행어지)** : 아버지의 뜻이 땅에서도 받들어 행하 여지이다

▷ **爾旨(이지)**: 당신의 뜻(your will) 〔爾(이) : 당신(you), 旨(지) : 뜻(will, intention)〕

▷ **承行於地(승행어지)** : 땅에서 이루어지다(to be done on earth) 〔承(승) : 받들다(to carry out), 行(행) : 행하다(to do), 於地(어지) : 땅에서(on earth) 〈於(어) : ~에서(at, in), 地(지) : 땅(earth)〉〕

▷ **如於天焉(여어천언)** : 하늘에서와 같이(as in heaven) 〔如(여) : 같이(as), 於天(어천) : 하늘에서(in heaven), 焉(언) : 이다(마침표의 역할)〕

● **我等望爾今日與我 我日用糧**(아등망이 금일여아 아일용양) :
오늘 우리가 아버지께 바라옵기는 나(우리)의 일용할 양식을
나(우리)에게 주시옵고

▷ **我等望爾(아등망이)** : 우리가 아버지께 바라옵기는 〔我等(아등): 우리 (we, us), 望(망) : 바라다(to hope), 爾(이) : 당신(you)〕

▷ **今日與我(금일여아)** : 오늘 나에게 주기를(give me today) 〔今日(금일) :

오늘(today), 與(여) : 주다(to give), 我(아) : 나(me)〕

▷ **我日用糧(아일용양)** : 나의 일용할 양식을(our daily bread) 〔我(아) : 나
(me), 日用(일용) : 일용할(daily use), 糧(양) : 양식(food, bread)〕

● **而免我債 如我亦免負我債者**(이면아채 여아역면부아채자) :
내(우리)가 나(우리)에게 빚진 자를 사한 것과 같이
나(우리)의 죄를 사하여 주시옵고

▷ **而免我債(이면아채)** : 나의 죄를 사하소서(forgive our debts) 〔而免(이면)
: 사하다(to forgive), 我(아) : 나의(my), 債(채) : 죄, 빚(debt, sin)〕

※ 而(이) : 어조사 이는 앞·뒤 절에서 순접, 역접의 기능을 하거나 시기(때), 가
정, 자격을 나타냄. 여기서는 뒤 절(여아역면부아채자)과 같은 시기(때)를 가리
킴. 즉, 나에게 빚진 자를 내가 사하여 준 것 같이, 그렇게 동시(때)에 나의
죄를 사하여 주실 것을 희망함

▷ **如我亦免(여아역면)** : 내가 또한 사한 것과 같이 〔如(여) : 같이(as), 我亦
免(아역면) : 나도 사하다(I also forgive) 〈我(아) : 나(I), 亦(역) : 또한(also), 免(면)
: 사하다(forgive)〉〕

▷ **負我債者(부아채자)** : 나에게 빚진 자(those who owe me) 〔負(부) : 지다,
빚지다(to owe), 我(아) : 나(me), 債者(채자) : 빚진 자(debtor)〕

● **又不我許陷於誘感 乃救我於凶惡**(우불아허함어유감 내구아어흉악) :
나(우리)를 유감에 빠지는 것을 허락하지 마시고,
다만 나(우리)를 흉악에서 구하여 주옵소서

▷ **又不我許陷於誘感(우불아허함어유감)** : 또한 나를 유감에 빠지는 것

을 허락하지 마시고(lead us not into temptation) 〔又不(우불) : 또한 ~하지

않다(also not), 我(아) : 나(us), 許(허) : 허락하다(allow), 陷(함) : 빠지다(to fal

l), 於(어) : ~에(in), 誘感(유감) : 유혹(temptation) 〈誘(유) : 유혹(tempt), 感(감) :

감정, 느낌(feeling)〉〕

▷ **乃救我於凶惡(내구아어흉악)** : 다만 나(우리)를 흉악에서 구하여 주

옵소서 〔乃(내) : 다만(but), 救(구) : 구하다(to save), 我(아) : 나(us), 凶(흉) :

흉악한(wicked), 惡(악) : 악(evil)〕

● 亞孟(아맹) : 아멘(Amen)

한문으로 쓰인 천주경은 1835년 윤민구 신부가 영국에서 발견했습니

다. 당시 조선 사회에서는 한글을 기피하는 경향이 있어 성도들은 기도

문을 한자로 읽고 외우는 방식을 택했습니다. 그 결과 기도문의 의미는

해석하지 못한 채, 한자를 조선식으로 발음하며 외웠을 뿐입니다. 그 당

시 상황을 설명하는 기록 중에는 앵베르 주교(Laurent-Joseph-Marius Imber

t, 1797년 4월 15일 ~ 1839년 9월 21일)가 로마에 보낸 편지가 있습니다. 이 편

지에서 주교는 조선 성도들이 한글이 기도에 적합하지 않다는 생각을 가

지고 한문 기도문을 발음만 조선식으로 써, 외웠다고 합니다. 그러나 후

에 주교는 네 명의 통역들과 함께 주기도문을 한글로 번역하여, 조선의

모든 성도들이 조선말로 기도할 수 있도록 했다고 보고하고 있습니다.

– 참조 : 〈가톨릭평화신문–한국교회사연구소 공동기획〉

https://news.cpbc.co.kr/article/1156425

2. 텬쥬경

하놀에 계신 우리 아비신쟈여 네 일홈의 거륵ᄒ심이 나타나며 네 나라
히 림ᄒ시며 네 거륵ᄒ신 뜻이 하늘에셔 일움ᄀᆺ치 따희셔 ᄯ오ᄒ 일우여지
이다 오놀날 우리게 일용홀 냥식을 주시고 우리 죄롤 면ᄒ야 주심을 우
리가 우리게 득죄ᄒ 쟈롤 면ᄒ야 줌ᄀᆺ치 ᄒ시고 우리롤 유감에 ᄲᅡ지지
말게 ᄒ시고 ᄯ오ᄒ 우리롤 흉악에 구ᄒ쇼셔 아멘

                    - 텬쥬경 (천주경) - 1837년 천주성교공과 (天主聖教功課)

하늘에 계신 우리 아비신 자여, 네 이름의 거룩하심이 나타나며, 네 나라히
임하시며, 네 거룩하신 뜻이 하늘에서 이룸같이 땅에서 또한 이루어지이다.
오늘날 우리에게 일용할 양식을 주시고, 우리 죄를 면하여 주심을 우리가 우
리에게 득죄한 자를 면하여 줌같이 하시고, 우리를 유감에 빠지지 말게 하시
고, 또한 우리를 흉악에 구하소서 아멘

                    - 저자 역

당시 한문으로만 쓰였던 주기도문을 성도들이 이해하기란 쉽지 않았
습니다. 앵베르 주교는 이를 해결하기 위해서 번역 작업을 시작했습니다.
앵베르 주교는 1837년에 한글로 된 첫 공식 기도서인 「천주성교공과(天
主聖教功課)」를 출판하게 됩니다.

'천주성교(天主聖教)'란 당시 천주교를 가리키는 옛말이고, '공과(功課)'란 기도서를 뜻합니다. 따라서 이를 번역하면, "옛 천주교에서 쓰인 기도서"라는 뜻이 됩니다. 이 기도서는 성도들이 주기도문의 의미를 이해하면서 기도할 수 있도록 큰 도움을 주었습니다.

참고로, 앵베르 주교는 1836년 조선에 입국해, 1837년 「천주성교공과」를 출판하고, 1839년 기해박해 때 체포되어 순교합니다.

3. 우리나라 최초의, 한국인이 번역한 한글 번역본

우리아버니하늘의계옵시니원컨디네성허옵다
이름나며네나라이임허여이르러네쏫시시러금
이뤼되짜히잇셔하늘의잇슴갓치허시고우리쓰
는바양식을오날나를쥬시며우리모든짐을벗겨
쥬시되늬가늬게진〻람을벗겨쥬듯허시고더욱
나를쇠와혹허는데로인도허시지마옵시며이의
나를악헌데건져늬여쥬쇼셔디져나라와권과영
홰다네게로도라가되이의디디로밋츠옵쇼셔아
멘

– 1885년 5월 이수정, 「Bible Society Record」 1885년 5월호

우리 아버니 하늘에 계옵시니, 원컨대 네 거룩하다
이름나며, 네 나라이 임하여 이르러, 네 뜻이 능히
이루어지되, 땅에 있어 하늘의 있음같이 하시고, 우리 쓰
는 바 양식을 오늘 나를 주시며, 우리 모든 짐을 벗겨
주시되 내가 내게 (빚)진 사람을 벗겨주듯 하시고, 더욱
나를 꾀와 혹하는 데로 인도하시지 마옵시며, 이에
나를 악한 데 건져내어 주소서, 대저 나라와 권과 영
화가 다 네게로 돌아가되, 이에 대대로 미치옵소서 아
멘

– 저자 역

미국성서공회에서 발행한 잡지인 Bible Society Record는 1885년 5월 호에서 "THE LORD'S PRAYER IN COREAN"이라는 제목으로 이수정이 작성한 한글 주기도문을 소개한 바 있습니다.(참조 http://www.cupnews. kr/news/articleView.html?idxno=5250) 이 잡지에 실린 이수정의 주기도문 번역본은 한국인이 번역한 최초의 한글 번역본입니다. 이수정의 번역은 서구의 기독교 신앙을 한국 문화와 언어에 맞게 적용시켰다는 점에서 의의가 크다고 볼 수 있습니다. 이러한 작업을 통해 한국인들은 더 쉽게 기독교 신앙을 받아들일 수 있었고, 특히 문화적 맥락을 고려한 작업이었기 때문에 더욱 의미가 깊다고 볼 수 있습니다.

4. 최초의 한글 신약성경

우리 하날에 게신 아바님 아바님의 이름이 셩ㅎ시며 아바님 나라이 님ㅎ시며 아바님 뜻이 짱에 일우기롤 하날에 힝ㅎ심갓치 ㅎ시며 쓰 논 바 음식을 날마당 우리롤 주시며 사롬의 빗 샤함갓치 우리 빗올 샤ㅎ시며 우리로 시험에 드지 안케 ㅎ시며 오직 우리롤 악에 구완ㅎ 여 니소셔

- 1887년 예수셩교젼서, 존 로스, 문광셔원

우리 하늘에 계신 아바님, 아바님의 이름이 거룩하시며, 아바님 나라이 임하 시며, 아바님 뜻이 땅에 이루기를 하늘에 행하심같이 하시며, 쓰는 바 음식 을 날마다 우리를 주시며, 사람의 빚 사함같이 우리 빚을 사하시며, 우리로 시험에 들지 않게 하시며, 오직 우리를 악에 구원하여 내소서

- 저자 역

존 로스와 문광서원이 번역한 1887년 한글 성경은 한국 기독교사에 서 중요한 역할을 했습니다. 성도들이 성경을 직접 읽고 이해할 수 있게 됨으로써, 신앙생활과 교리 교육이 더욱 풍성해진 것은 분명 큰 의미입니 다. 특히, 이 번역이 한국 교회의 성장과 발전에 큰 기여를 했습니다. 하지 만 이보다 더 중요한 의미로는, 한국어 성경이 한국 민족의 정체성 형성 과 독립운동에도 기여했다는 점을 들 수 있습니다.

당시 한글이 널리 퍼지지 않은 상황에서 한글 성경의 보급은 한국어의 보급과 문해력 향상에 크게 이바지했습니다. 성경 번역은 신앙적 도구를 넘어서 한국어를 정착시키고, 일제강점기 때 한국 민족의 독립 의식과 문화적 자부심을 고취하는 데 중요한 역할을 했습니다. 따라서 존 로스의 성경 번역은 신앙적 측면뿐만 아니라 한국 사회 전반에서 한글 보급, 민족 정체성 확립, 그리고 문화적 독립에 기여한 것으로 평가될 수 있습니다.

5. 1906 신약전서(信約全書) 국한문 혼용본

天에 在ᄒᆞ신 我等의 父여 名을 聖ᄒᆞ게 ᄒᆞ옵시며 國이 臨ᄒᆞ옵시며 旨가 天에셔 成ᄒᆞᆫ 것 ᄀᆞᆺ치 地에셔도 成ᄒᆞ여지이다 今日 我等의게 日用ᄒᆞᆯ 糧食을 賜ᄒᆞ옵시고 我等이 我等의게 罪를 得ᄒᆞᆫ 者를 赦ᄒᆞ야 준 것ᄀᆞᆺ치 我等의 罪를 赦ᄒᆞ야 주옵시고 我等을 試驗에 入ᄒᆞ지 말게 ᄒᆞ옵시고 다만 惡에셔 求ᄒᆞ옵쇼서 大槪 國과 權勢와 榮光이 父ᄭᅴ 永遠이 有ᄒᆞ옵ᄂᆞ이다 아멘

– 1906 신약전서(信約全書) 국한문 유성전 황성 대미국성경회

천에 재하신 아등의 부여 명을 성하게 하옵시며 국이 임하옵시며 지가 천에서 성한 것 같이 지에서도 성하여지이다 금일 아등에게 일용할 양식을 사하옵시고 아등이 아등에게 죄를 득한 자를 사하여 준 것같이 아등의 죄를 사하여 주옵시고 아등을 시험에 입하지 말게 하옵시고 다만 악에서 구하옵소서 대개 국과 권세와 영광이 부께 영원히 유하옵나이다 아멘

하늘(천)에 계신(재) 우리(아등)의 아버지(부)여, 이름(명)을 거룩(성)하게 하옵시며, 나라(국)이 임(임)하옵시며, 뜻(지가)이 하늘(천)에서 이루어진(성한) 것 같이 땅(지)에서도 이루어(성하여)지이다 오늘(금일) 우리(아등)에게 일용(일용)할 양식(양식)을 주(사하)옵시고 우리가(아등이) 우리(아등)에게 죄(죄)를 얻은(득한) 자를 사(사)하여 준 것같이 우리(아등)의 죄(죄)를 사(사)하여 주옵시고 우리를(아등을) 시험(시험)에 들(입하)지 말게 하옵시고 다만 악(악)에서 구(구)하옵소서 대개(대개) 나라(國)와 권세(권세)와 영광(영광)이 아버지(부)께 영원(영원)히 있사(유하)옵나이다 아멘

– 저자 역

天(천) : 하늘 / 在(재) : 계시다, 존재하다

我等(아등) : 우리들 / 父(부) : 아버지

名(명) : 이름 / 聖(성) : 거룩하다

國(국) : 나라 / 臨(임) : 임하다, 오다

旨(지) : 뜻 / 天(천) : 하늘 / 成(성) : 이루다 / 地(지) : 땅

今日(금일) : 오늘 / 我等(아등) : 우리들

日用(일용) : 매일의 / 糧食(양식) : 양식 / 賜(사) : 주다

我等(아등) : 우리들 / 罪(죄) : 죄 / 得(득) : 얻다 / 赦(사) : 용서하다

試驗(시험) : 시험, 유혹 / 入(입) : 들어가다

惡(악) : 악/악한 것 / 求(구) : 구하다, 구원하다

大槪(대개) : 대개, generally / 國(국) : 나라 / 權勢(권세) : 권세

榮光(영광) : 영광 / 永遠(영원) : 영원 / 有(유) : 있다

1906년 신약전서(信約全書) 번역본은 국한문 혼용체로 작성되어, 한자를 주로 사용하던 지식인층과 한글을 사용하던 대중 모두에게 접근성을 높였습니다. 이러한 번역 방식은 성경을 보다 널리 읽고 이해할 수 있게 했으며, 기독교 신앙이 한국 사회에 깊이 자리 잡는 데 중요한 역할을 했습니다.

당시 한국 사회는 한자를 교육받은 사람들과 한글을 사용하는 일반인들 간에 언어적 차이가 있었고, 국한문 혼용체는 이 둘을 모두 수용할

수 있는 중요한 연결 고리였습니다. 따라서 성경의 번역이 교육받은 엘리트뿐 아니라, 더 넓은 대중에게도 기독교를 전파할 수 있게 한 점에서 높이 평가될 수 있습니다. 또한 이 번역은 한국의 기독교 정체성을 형성하는 데도 기여했습니다.

한국어와 한자를 혼용함으로써 당시 전통적인 문학적 관습을 존중하면서도, 점차 한글 사용을 장려했던 시기에 신앙뿐 아니라 민족적 자각에도 긍정적인 영향을 미친 번역 작업이었습니다. 따라서 1906년 신약전서 번역본은 기독교 신앙의 확산과 함께 한국의 문화와 언어 발전에 기여한 중요한 이정표였습니다.

6. 최초의 개인역 신구약성경

하ᄂᆞᆯ에 계신 우리 아바지여 일홈이 거특ᄒᆞ옵시며 나라이 臨ᄒᆞ옵시며 뜻이 하ᄂᆞᆯ에셔 일움ᄀᆞᆺ치 ᄯᅡ에셔도 일우어지이다 오늘날 우리의게 日用홀 糧食을 주옵시고 우리가 우리의게 罪지은 者를 容恕ᄒᆞ야 줌ᄀᆞᆺ치 우리 罪를 赦하여 주옵시고 試驗에 들지말게 ᄒᆞ옵시고 惡에셔 求ᄒᆞ옵쇼셔 나라와 權勢와 榮光이 아바지씌 永遠히 잇ᄂᆞ이다 아멘

– 1910년 ᄉᆞᄉᆞ셩경 한바오르(기근) 성서활판사

하늘에 계신 아바지여 이름이 거룩하옵시며 나라이 임(臨)하옵시며 뜻이 하늘에서 이름같이 땅에서도 이루어지이다 오늘날 우리에게 일용(日用)할 양식(糧食)을 주옵시고 우리가 우리에게 죄(罪)지은 자(者)를 용서(容恕)하여 줌같이 우리 죄(罪)를 사(赦)하여 주옵시고 시험(試驗)에 들지 말게 하옵시고 악(惡)에서 구(求)하옵소서 나라와 권세(權勢)와 영광(榮光)이 아버지께 영원(永遠)히 있나이다 아멘

– 저자 역

1910년에 한기근 신부가 번역한 「ᄉᆞᄉᆞ셩경」(四史聖經)은 한국 천주교회에서 최초로 완역한 사복음서로 알려져 있습니다. 이전에도 성경의 일부가 번역된 사례가 있었지만, 한기근 신부의 번역은 사복음서 전체를 한글과 한자를 병기한 국한문 혼용체로 번역했다는 점에서 중요한 의의를 지닙니다.

이러한 국한문 혼용체의 번역은 당시 교육 수준이 높은 계층뿐만 아니라 일반 대중에게도 성경의 이해를 도왔다는 평가를 받습니다. 또한, 한기근 신부의 번역 작업은 한국 천주교 신자들에게 성경을 이해하고 신앙을 실천하는 데 실질적인 도움을 주었습니다.

특히 한기근 신부는 일제강점기 동안 출판과 문서 선교에 중요한 공헌을 했으며, 외국어와 한문을 우리말로 번역하여 다양한 신앙 서적을 출판했습니다. 이러한 활동은 당시 성도들에게 하나님의 말씀을 전달하는 중요한 역할을 했습니다.

7. 1938년 신약 개역

하날에 계신 우리 아바지여 일홈이 거룩히 녁임을 밧으시오며 나라
이 임하옵시며 뜻이 하날에셔 일운 것 갓치 따에셔도 일우어지이다
오날날 우리의게 일용할 량식을 주옵시고 우리가 우리의게 죄 지은
쟈를 샤하야 준 것갓치 우리 죄를 샤하야 주옵시고 우리를 시험에
들게 하지 마옵시고 다만 악에셔 구하옵쇼셔 (나라와 권셰와 영광
이 아바지씌 영원히 잇사옵나이다 아멘)

— 1938년 신약 개역, 죠선셩셔공회

하늘에 계신 우리 아버지여 이름이 거룩히 여김을 받으시오며 나라이 임하
옵시며 뜻이 하늘에서 이룬 것 같이 땅에서도 이루어지이다 오늘날 우리에
게 일용할 양식을 주옵시고 우리가 우리에게 죄 지은 자를 사하여 준 것같이
우리 죄를 사하여 주옵시고 우리를 시험에 들게 하지 마옵시고 다만 악에서
구하옵소서 (나라와 권세와 영광이 아버지께 영원히 있사옵나이다 아멘)

— 저자 역

1938년은 일제강점기 후반부로, 일본의 강력한 동화 정책이 시행되던
시기였습니다. 일본은 한국의 문화와 언어를 억압하고, 신사참배를 강요
하며 기독교를 포함한 종교 활동을 제한했습니다. 이러한 억압 속에서 신
약 개역본을 번역하고 출판한 것은 한국 기독교계의 자주성과 저항을 상

징하는 일이었습니다. 한국 교회는 성경을 한국어로 번역하여 민족적 자긍심을 고취하며 신앙의 자유를 지키고자 했습니다.

조선성서공회의 연도별 주요 업적

- 1895년 : 영국성서공회가 서울에 지부를 설립하고 성서 번역 및 출판 시작
- 1911년 : 「셩경젼셔」(성경전서) 출판, 개역 작업 시작
- 1938년 : 신약성경 개역본 출판
- 1946년 : 광복 후 최초의 성서위원회 조직, 자주적 조선성서공회 설립
- 1948년 : 명칭을 대한성서공회로 변경

광복 이후, 조선성서공회는 자주적 조직으로 재건하였고, 이후 대한성서공회로 명칭을 변경하여 독립적 성경 번역과 출판을 지속했습니다. 특히, 1938년 개역 신약성경은 이후 1961년 개역한글판 성경의 기초가 되었으며, 이 성경은 현재까지도 한국 교회의 표준 성경으로 사용되고 있습니다.

8. 1940년 간이 선한문 신약 개역(簡易 鮮漢文 新約 改譯)

하날에 계신 우리 아바지여 일홈이 거룩히 녁임을 밧으시오며 나라
이 臨하옵시며 뜻이 하날에셔 일운 것 갓치 짜에셔도 일우어지이다
오날날 우리의게 日用할 糧食을 주옵시고 우리가 우리의게 罪 지은
者를 赦하여 준 것갓치 우리 罪를 赦하야 주옵시고 우리를 試驗에
들게 하지 마옵시고 다만 惡에서 求하옵쇼셔 (나라와 權勢와 榮光
이 아바지끠 永遠히 잇사옵나이다 아멘)

- 1940년 간이 선한문 신약 개역, 조선성서공회

하늘에 계신 우리 아버지여 이름이 거룩히 여김을 받으시오며 나라가 임(臨)
하옵시며 뜻이 하늘에서 이룬 것 같이 땅에서도 이루어지이다 오날날 우리
에게 일용(日用)할 양식(糧食)을 주옵시고 우리가 우리에게 죄(罪) 지은 자(者)
를 사(赦)하여 준 것같이 우리 죄(罪)를 사(赦)하여 주옵시고 우리를 시험(試
驗)에 들게 하지 마옵시고 다만 악(惡)에서 구(求)하옵소서 (나라와 권세(權
勢)와 영광(榮光)이 아버지께 영원(永遠)히 있사옵나이다 아멘)

- 저자 역

※ 간이 선한문 신약 개역(簡易 鮮漢文 新約 改譯)이란?

簡易(간이) : 간단하고 쉽게

鮮漢文(선한문) : 조선어(한국어)와 한문(한자)을 병기하여

新約(신약) : 신약성경을

改譯(개역) : 개정하여 번역함

1940년 간이 선한문 신약 개역은 조선성서공회에서 발간한 신약성경으로, 한문과 한글을 혼용한 번역본입니다. 이 번역본은 학자와 일반 대중 모두가 쉽게 성경을 이해할 수 있도록 하기 위해 만들어졌습니다. 이 번역본의 "간이(簡易)"라는 표현은 간결하고 이해하기 쉬운 스타일을 강조한 것으로, 복잡한 문어체보다는 쉬운 표현으로 번역했다는 점이 특징입니다. 따라서 당시 성경을 접하지 못했던 사람들도 쉽게 접근할 수 있었습니다.

간이 선한문 신약 개역은 기존의 성경 독자층을 넘어 새로운 계층에게도 문서 선교의 기회를 제공하여, 한국 교회의 신앙 확장에 기여했습니다. 이 활동의 의미가 깊은 이유는 당시 일본어 사용을 강요하던 일제의 동화 정책에 맞서 한국어와 한문을 지키려는 노력의 일환이었다는 점입니다. 또한, 조선성서공회는 이 개역 작업을 통해 문화적 정체성을 지키고 종교적 자주성을 유지하고자 하였으며 더 많은 사람이 성경을 접하고 신앙을 굳건히 할 수 있도록 도왔습니다.

9. 1948년 신약성서 상편(복음성서) [가톨릭출판사]

> 하늘에 계신 우리 아비신 자여
> 네 이름의 거룩하심이 나타나며 네 나라이 임하시며
> 네 거룩하신 뜻이 하늘에서 이룸같이 땅에서 또한 이루어지이다.
> 오늘날 우리게 일용할 양식을 주시고
> 우리 죄를 면하여 주심을 우리가 우리게 득죄한 자를 면하여 줌같이 하시고
> 우리를 유감에 빠지지 말게 하시고 또한 우리를 흉악에 구하소서. 아멘

신약성서 상편의 출판은 한국 가톨릭 교회가 독립적으로 한국어 성경을 출간하고, 신앙적 자립성을 회복하는 계기가 되었습니다. 또한, 해방 후 첫 공식 성경 출판으로써 가톨릭 신도들이 해방 후 처음으로 한국어로 신약성경을 접할 수 있게 한 점에서 큰 의미가 있습니다. 개신교는 주로 히브리어(구약, 마소라 본문)와 그리스어 원문(신약, 네슬레-알란드 비평판)을 기반으로 성경을 번역하는 반면, 가톨릭은 전통적으로 라틴어 불가타 성경과 칠십인역을 주로 사용하여 성경을 번역하였습니다(그러나 지금은 히브리어, 아람어, 그리스어 원문에도 기초하여 번역합니다.). 1948년의 신약성서 상편 역시 이러한 가톨릭 전통을 유지했습니다. 또한, 성경의 구절들이 미사 중에 사용되면서 신자들이 일상생활 속에서 성경을 더 가깝게 접할 수 있도록 했습니다.

10. 1968년 신약복음편 김창수역(천주교 평신도) [한국자유교육협회]

하늘에 계신 우리 아버지시여,
아버지의 이름이 거룩히 빛나시며
그 나라가 오시며
아버지의 뜻이 하늘에서 이루어지듯 땅에서도 이루어지소서.
오늘 우리에게 나날이 쓸 양식을 주시고,
우리에게 죄지은 이를 용서하듯이 우리 죄를 용서하시고,
우리를 유혹에 빠지지 말게 하시고, 악에서 구하소서.

1962년부터 1965년까지 진행된 제2차 바티칸 공의회는 천주교의 교리적, 교회적 개혁을 이끌어냈던 시기입니다. 그중 하나가 평신도의 역할을 더욱 강조한 것이었습니다. 평신도가 성경 번역과 같은 중대한 작업에 참여하게 된 것은 한국 천주교회 내에서도 이러한 변화를 반영한 중요한 사례였습니다. 김창수의 번역은 이러한 변화의 하나로 평가받습니다. 평신도들이 더욱 활발하게 성경을 읽고, 연구함으로써 교회의 '사도적 활동'에 참여할 수 있게 되었습니다.

11. 1971년 공동번역 신약성서 [대한성서공회]

> 하늘에 계신 우리 아버지
> 온 누리가 아버지를 하느님으로 받들게 하시며
> 아버지의 나라가 오게 하시며
> 아버지의 뜻이 하늘에서와 같이 땅에서도 이루어지게 하소서!
> 오늘 우리에게 필요한 양식을 주시고
> 우리에게 잘못한 사람을 우리가 용서하듯이 우리의 잘못을 용서하시고
> 우리를 유혹에 빠지지 않게 하시고 악에서 구하소서.
> (나라와 권세와 영광이 영원토록 아버지의 것이옵니다. 아멘.)

20세기 중반부터 교회 일치를 추구하는 에큐메니컬 운동이 활발하게 전개되었습니다. 이를 배경으로 개신교와 천주교가 공동 성경 번역 작업에 들어갔습니다. 이 작업은 대한성서공회와 한국천주교주교회의의 협력으로 이루어졌습니다. 개신교와 천주교가 통일된 성경을 사용함으로써, 한국의 기독교 신자들이 동일한 성경을 통해 신앙생활을 영위할 수 있도록 하기 위함이었습니다.

두 교단이 공동으로 성경 번역에 참여한 것은 한국 성서 번역 역사상 중요한 사건이었으며, 성경 해석에 있어서도 서로 협력하는 계기가 되었습니다. 공동 번역 과정에서 개신교와 천주교가 사용하는 용어나 신학

적 관점의 차이로 인해 번역 작업에서 여러 어려움이 있었습니다. 예를 들어, 성찬에 대한 용어 선택 등이 그것입니다. 이런 차이를 조율해 나가며 합의에 도달한 것이 공동 번역의 중요한 의미 중 하나라고 볼 수 있습니다.

12. 1977년 공동번역 신약성서 개정판 [대한성서공회]

하늘에 계신 우리 아버지,
온 세상이 아버지를 하느님으로 받들게 하시며
아버지의 나라가 오게 하시며
아버지의 뜻이 하늘에서와 같이 땅에서도 이루어지게 하소서.
오늘 우리에게 필요한 양식을 주시고
우리가 우리에게 잘못한 이를 용서하듯이 우리의 잘못을 용서하시고
우리를 유혹에 빠지지 않게 하시고 악에서 구하소서.
(나라와 권세와 영광이 영원토록 아버지의 것입니다. 아멘.)

1977년 공동번역 신약성서 개정판은 1971년에 발행된 공동번역 성서의 수정 및 보완판입니다. 이 작업은 초기 번역본에서 발생한 몇 가지 문제점, 오류 또는 모호한 표현을 바로잡고 당시 현대 한국어에 맞는 더 정확하고 자연스러운 표현으로 바꾸기 위해 진행되었습니다. 주로 신학적 용어와 성경 해석에 대한 정확성을 높이기 위한 작업이었습니다. 예를 들

어, 특정 단어나 문구가 한국어 성도들에게 자연스럽지 않거나 모호하게 들릴 수 있었던 부분을 수정하여 성경을 읽고 이해하는 데 어려움이 없도록 개선했습니다. 예를 들어, "온 누리" 대신 "온 세상"을 써서 그 당시 사용되던 한국어를 더 직관적으로 반영하고자 하였습니다.

13. 1978년 현대어성경 신약 [성서교재간행사]

하늘에 계신 우리 아버지,
이름이 높임을 받으시옵소서.
나라가 오시옵소서.
뜻이 하늘에서 이루어진 것같이 땅에서도 이루어 주시옵소서.
우리가 날마다 쓸 양식을 오늘도 주시옵소서.
우리의 죄를 용서하시옵소서.
우리도 우리에게 죄지은 사람을 용서하였습니다.
우리를 유혹에 빠지지 않게 하시고 악에서 구원하시옵소서.
(나라와 권세와 영광이 영원토록 아버지의 것이옵니다. 아멘.)

※ 성서교재간행사는 성서와 신학 자료를 출판하는 기관으로 다양한 종교 서적, 주석서, 그리고 성경 관련 교재들을 출판하였습니다. 예를 들어, "성서백과대사전"과 같은 방대한 자료뿐만 아니라 "칼빈성경주석"과 같은 학술적인 주석서도 출판하였습니다.

1970년대 한국 사회는 급격한 산업화와 도시화가 진행되면서 언어와 문화도 현대화되었습니다. 따라서 성경의 언어도 이러한 변화에 맞추어 개혁될 필요성이 있었습니다. 현대어성경은 시대적 요구에 부응하여 현대어로 된 성경을 제공하여, 이전의 고어체나 한문 투의 표현이 많이 포함되어 있던 기존 번역본들보다 접근성을 높였습니다. 특히 젊은 세대와 성경에 익숙하지 않은 일반 대중이 성경을 이해하는 데 큰 도움을 주었습니다. 현대어 성경은 일상적이고 간결한 표현으로 번역되었지만, 신학적 깊이와 본문의 의미를 해치는 일이 없도록 신경을 썼습니다. 이로 인해 기존 성경 번역의 신학적 기반을 잃지 않으면서도, 쉽게 읽힐 수 있는 새로운 번역본이 탄생하였습니다.

14. 1983년 표준신약전서 [대한성서공회]

하늘에 계신 우리 아버지,
아버지의 이름이 거룩히 여김을 받게 하옵시고,
아버지의 나라가 오게 하옵시고
아버지의 뜻이 하늘에서와 같이 땅에서도 이루어지게 하옵소서.
오늘 우리에게 일용할 양식을 주옵시고,
우리가 우리에게 죄지은 자를 용서하여 준 것처럼 우리 죄를 용서하여 주옵시고,
우리를 시험에 빠지지 않게 하옵시고, 도리어 그 악한 자에게서 구하여 주옵소서.
(나라와 권세와 영광이 영원토록 아버지의 것이옵니다. 아멘)

표준신약전서(1983)는 원문에 충실한 번역을 목표로 하여 현대 한국어로 성경을 번역한 중요한 작업이었습니다. 이 작업은 대한성서공회 주도로 이루어졌으며, 여러 개신교 교파가 협력하여 교파 간 신학적 차이를 넘어서는 신앙의 일치와 연대를 도모하였습니다. 특히, 이 번역은 당시 그리스어 신약전서 제3판(1983년)을 기반으로 진행되었으며, 원문을 정확하게 반영하면서도 독자들이 쉽게 이해할 수 있도록 현대 한국어 표현을 사용했습니다. 번역 과정에서 신학적 해석과 문법적 정확성을 높이기 위해 많은 노력을 기울였습니다. 이 번역은 개신교 교단이 공식적으로 채택한 교육용 성경으로도 사용되었으며, 일부 교회에서는 예식용으로도 사용되었지만, 주로 교육과 신앙 훈련의 목적으로 더 많이 활용되었습니다.

15. 1985년 현대인의 성경 [생명의 말씀사]

하늘에 계신 우리 아버지,
아버지의 이름이 거룩히 여김을 받게 하시고
아버지의 나라가 속히 오게 하소서.
아버지의 뜻이 하늘에서 이루어진 것같이 땅에서도 이루어지게 하소서.
우리에게 날마다 필요한 양식을 주시고
우리가 우리에게 죄지은 사람들을 용서해 준 것처럼 우리 죄를 용서해 주소서.
우리가 시험에 들지 않게 하시고 우리를 악에서 구해주소서.
(나라와 권세와 영광이 영원토록 아버지의 것입니다. 아멘.)

1985년에 출판된 현대인의 성경은 주로 개신교 독자들을 대상으로 하였습니다. 생명의 말씀사에서 번역한 이 성경은 특히 복음 전파와 성경 읽기의 접근성을 높이기 위해 의역 중심으로 번역하였습니다. 그 결과 처음 성경을 접하는 독자들이 쉽게 접근할 수 있었고, 개인적인 성경 읽기나 묵상, 전도 활동에도 널리 쓰였으며, 기독교 교회 내에서 젊은 층에게 친근한 번역본으로 자리 잡게 되었습니다.

16. 1987년 영한신약전서(신역), 류형기 [신생사]

하늘에 계신 우리 아버지,

아버지의 이름을 거룩히 받들게 하옵시며,

아버지의 나라가 임하게 하옵시며,

아버지의 뜻이 하늘에서와 같이 땅에서도 이루어지게 하시옵소서.

오늘 우리에게 일용할 양식을 주시옵소서.

우리에게 잘못한 이들을 우리가 용서해 준 것같이

우리의 잘못을 용서하시옵소서.

우리를 유혹에 빠지지 않게 하옵시고,

악한 자에게서 우리를 구하여 주시옵소서.

(나라와 권세와 영광이 영원토록 아버지의 것이옵니다. 아멘.)

1987년 류형기 목사가 출판한 영한신약전서는 두 언어를 비교할 수 있도록 영어와 한국어 번역을 나란히 배치하여 대조해 가며 읽을 수 있도록 구성한 성경입니다. 이 성경은 당시 신학계와 교회에서 성경 해석에 관심이 높아지던 시기에 출판되어, 성경을 보다 심도 있게 공부할 수 있도록 기회를 제공해 주었습니다. 이 성경은 특히 영어와 한국어에 모두 능통한 독자들에게 매우 유용했으며, 영어 성경의 뉘앙스와 한국어 성경의 번역 차이를 동시에 확인하면서 더 넓은 신학적 이해를 도모할 수 있었습니다.

17. 1990년 성경전서 [조선기독교도련맹 중앙위원회 - 북한성경]

하늘에 계신 우리 아버지
온 세상이 아버지를 하느님으로 받들게 하시며
아버지의 나라가 오게 하시며
아버지의 뜻이 하늘에서와 같이 땅에서도 이루어지게 하소서
오늘 우리에게 필요한 량식을 주시고
우리가 우리에게 잘못한 사람을 용서하듯이 우리의 잘못을 용서하시고
우리를 유혹에 빠지지 않게 하시고 악에서 구하소서.
(나라와 권세와 영광이 영원토록 아버지의 것입니다. 아멘)

1990년 조선기독교도련맹 중앙위원회에서 발행한 성경전서는 북한에서 공인된 성경이며, 구약과 신약이 합본된 형태로 출간되었습니다. 북한은 해방 후 공산화 과정에서 기독교를 철저히 탄압하고 성경을 몰수했으나, 1980년대 후반부터 일부 종교 활동을 형식적으로나마 허용하면서 성경을 출간하게 되었습니다. 이 번역본은 남한의 1977년 공동번역 성서를 저본(개정이나 번역을 하기 전 본디의 서류나 책)으로 삼아 번역하였습니다. 남한의 공동번역 성경과 거의 유사하며, 두음법칙 등 남북한 문법적 차이만을 교정하여 출판되었습니다. 이 성경은 "공동번역 평양 교정본"으로 불리며, 남북한이 동일한 성경을 공유하게 된 상징적인 의미를 갖습니다.

18. 1991년 신약성서, 한국천주교회 창립 200주년 기념

[분도출판사]

하늘에 계신 우리 아버지,

아버지의 이름을 거룩히 드러내소서.

아버지의 나라가 오게 하소서.

아버지의 뜻이 하늘에서와 같이 땅에서도 이루어지게 하소서.

우리가 일용할 빵을 오늘 우리에게 주소서.

그리고 우리가 우리에게 빚진 이들을 용서했듯이 우리의 빚을 용서하소서.

우리를 유혹에 빠지지 않게 하시고, 오히려 우리를 악에서 구하소서.

1991년 분도출판사에서 발행된 이 신약성서는 그리스어 원문을 직접 번역한 것으로 원문에 최대한 충실하게 번역하려는 노력이 반영된 결과입니다. 이 번역본은 성경 번역에 그치지 않고, 신학적 연구와 해제, 주석을 포함하고 있어 학문적인 깊이를 더했습니다. 이러한 해제와 주석은 성경 연구자들에게도 중요한 자료로 활용되고 있습니다.

19. 1993년 표준새번역 [대한성서공회]

하늘에 계신 우리 아버지,
이름을 거룩하게 하시오며,
나라가 임하게 하시오며,
뜻이 하늘에서 이루어진 것같이, 땅에서도 이루어지게 하소서.
오늘 우리에게 필요한 양식을 주시옵고,
우리가 우리에게 죄지은 사람을 용서하여 준 것같이
우리 죄를 용서하여 주시옵고,
우리를 시험에 들게 하지 마시고, 악에서 구하시옵소서.
(나라와 권세와 영광이 영원히 아버지의 것이옵나이다. 아멘.)

1993년 표준새번역 성경은 원문에 충실한 번역을 목표로 하였으며,
구약은 마소라 본문(Masoretic Text)을, 신약은 그리스어 신약전서(제3판,
1983년)를 기반으로 하여 번역했습니다. 이 성경은 교회 예배와 교육에
적합하도록 의역보다는 원문에 충실한 번역을 지향했으며, 한국어 문맥
과 현대적 표현을 통해 독자들이 성경을 더 쉽게 이해할 수 있도록 하였
습니다. 또한, 이 성경은 에큐메니컬 정신을 반영하여 다양한 교파가 함
께 협력해 번역한 성경입니다.

20. 1995년 개역개정판 신약전서 [대한성서공회]

하늘에 계신 우리 아버지여,
아버지의 이름이 거룩히 여김을 받으시오며,
아버지의 나라가 임하게 하시오며,
아버지의 뜻이 하늘에서와 같이 땅에서도 이루어지게 하옵소서.
오늘 우리에게 일용할 양식을 주시옵고,
우리에게 죄지은 이를 우리가 사하였사오니 우리 죄를 사하여 주시옵고,
우리를 유혹에 빠지지 말게 하시옵고 악에서도 건져주옵소서.
(나라와 권능과 영광이 영원히 아버지의 것이옵니다. 아멘)

1995년 개역개정판 신약전서는 1961년부터 사용된 개역한글판 성경의 개정을 목적으로 만들어졌습니다. 이 개역개정판은 대한성서공회 창립 100주년을 기념하여 발행되었으며, 특히 원문에 대한 철저한 연구와 검토를 통해 신학적 정확성을 높였습니다. 구약 성경의 경우 히브리어 마소라 본문인 "Biblia Hebraica Stuttgartensia(비블리아 헤브라이카 슈투트가르텐시아, 1987년)"를, 신약성경의 경우 그리스어 성경 "Novum Testamentum Graece(노붐 테스타멘툼 그라이케, 1993년 27판)"를 원문으로 사용하여 번역하였습니다.

21. 1997년 하나님의 말씀 신구약성경 [한국성경공회]

하늘에 계신 우리 아버지여 이름이 거룩히 여김을 받으시오며
나라이 임하옵시며 뜻이 하늘에서 이룬 것같이 땅에서도 이루어지이다
오늘날 우리에게 일용할 양식을 주옵시고
우리가 우리에게 죄 지은 자를 사하여 준 것같이 우리 죄를 사하여 주옵시고
우리를 시험에 들게 하지 마옵시고 다만 악에서 구하옵소서
(나라와 권세와 영광이 아버지께 영원히 있사옵나이다 (아멘)

한국성경공회는 성경 번역에 있어 철저한 원문 연구를 기반으로 작업을 진행하였습니다. 구약 성경은 히브리어 성경인 "Biblia Hebraica Stuttgartensia(비블리아 헤브라이카 슈투트가르텐시아)"를, 신약 성경은 그리스어 성경인 "Novum Testamentum Graece(노붐 테스타멘툼 그라이케)"를 참고하여 번역했습니다. 한국성경공회는 성경의 절대적인 권위와 문자적 해석을 중요시합니다. 따라서 한국성경공회가 취하는 번역 방식은 형식적 등가 번역(Formal Equivalence)에 가깝습니다. 이 번역 방식은 원문을 가능한 한 문자 그대로 번역하는 방식입니다. 한국성경공회에서 발행한 번역본은 보다 원문에 충실하게 번역되었으며, 성경 본래의 구조나 문법적 특징을 최대한 유지하려는 노력을 보입니다.

22. 1998년 성경전서 개역개정판

하늘에 계신 우리 아버지여
이름이 거룩히 여김을 받으시오며
나라가 임하시오며 뜻이 하늘에서 이루어진 것 같이 땅에서도 이루어지이다
오늘 우리에게 일용할 양식을 주시옵고
우리가 우리에게 죄지은 자를 사하여 준 것같이 우리 죄를 사하여 주시옵고
우리를 시험에 들게 하지 마시옵고 다만 악에서 구하시옵소서
(나라와 권세와 영광이 아버지께 영원히 있사옵나이다 아멘)

1998년 성경전서 개역개정판은 한국어 맞춤법과 문법을 현대화하는 작업을 시행하여, 성경이 더 쉽게 읽힐 수 있도록 개정하였습니다. 이 개역개정판은 1961년 개역한글판을 기반으로 하되, 히브리어 마소라 본문(Biblia Hebraica Stuttgartensia, 비블리아 헤브라이카 슈투트가르텐시아)과 그리스어 신약전서(Novum Testamentum Graece, 노붐 테스타멘툼 그라이케)를 기초로 번역하여, 원문에 더 충실하도록 했습니다. 이 번역은 개역한글판의 전통적인 문체와 리듬을 유지하면서도, 교리적 오류나 불명확한 표현을 수정하여 신학적 정확성을 높였습니다. 또한, 번역 과정에서 원문에 관한 철저한 연구를 통해 신학적 오차를 바로잡았으며, 이를 통해 신학적 해석의 일관성과 정확성을 높였습니다.

23. 2001년 표준새번역 개정판 [대한성서공회]

하늘에 계신 우리 아버지,
그 이름을 거룩하게 하여 주시며,
나라를 오게 하여 주시며,
그 뜻을 하늘에서 이루심 같이, 땅에서도 이루어 주십시오.
오늘 우리에게 필요한 양식을 내려 주시고,
우리가 우리에게 죄 지은 사람을 용서하여 준 것같이
우리의 죄를 용서하여 주시고,
우리를 시험에 들지 않게 하시고, 악에서 구하여 주십시오.
(나라와 권세와 영광은 영원히 아버지의 것입니다. 아멘.)

2001년 표준새번역 개정판은 1993년 표준새번역 성서를 개정한 버전입니다. 이 번역본의 주된 목적은 원문에 충실하면서도 독자들에게 더 쉽게 이해될 수 있도록 현대 한국어로 번역된 성경을 제공하는 데 있었습니다.

표준새번역 개정판은 성경 원문인 히브리어, 아람어, 그리스어에서 나오는 문맥과 의미를 최대한 충실하게 반영했습니다. 과거의 번역본은 원문을 직역하거나 고어적 표현을 사용해 현대 독자가 이해하기 어렵거나 자연스럽지 않은 부분이 많았습니다. 하지만 이번 개정판은 한국어 문맥에 맞게 자연스러운 표현을 사용하면서도, 신학적 의미를 놓치지 않도록 했습니다. 또한, 표준새번역 개정판은 다양한 개신교 교파와 학자들이 협력하여 번역 작업을 진행했습니다.

대한성서공회가 주관한 이 작업은 신학적 차이를 최소화하고, 교회들이 사용할 수 있는 하나의 통일된 번역본을 만드는 데 주력하였습니다.

24. 2001년 쉬운 성경 [아가페]

하늘에 계신 우리 아버지,
아버지의 이름이 거룩하게 여김을 받으소서.
아버지의 나라가 이루어지게 하소서.
아버지의 뜻이 하늘에서처럼 이 세상에서도 이루어지게 하소서.
오늘 우리에게 필요한 양식을 주소서.
우리에게 잘못된 사람을 우리가 용서해 준 것처럼
우리의 죄를 용서하여 주소서.
우리들을 시험에 빠지지 않게 하시고, 악으로부터 구원해 주소서.
(아버지는 나라와 권세와 영광을 가지고 계십니다. 아멘)

아가페 출판사는 쉬운 성경을 통해 성경의 대중화를 목표로 했으며, 다양한 독자층이 성경에 더 쉽게 접근할 수 있도록 노력했습니다. 쉬운 성경은 기독교 신앙을 처음 접하는 사람들, 성경을 쉽게 이해하고자 하는 사람들, 그리고 어린이와 청소년을 대상으로 한 교육적 목적으로 제작되었습니다. 특히 교회학교, 주일학교 등에서 성경 교육용으로 널리 사용되고 있습니다. 쉬운 성경은 현대 한국어로 번역되었으며, '하십시오체'를 사용하여 존경과 친근함을 모두 유지하고자 했습니다. 번역 과정에서 문장의 난해한 구성을 단순화하고, 어휘를 일상생활에서 자주 사용하는 단어를 선택하여 독자가 부담 없이 읽을 수 있도록 했습니다.

25. 2002년 새한글비전성경 [두란노] - 우리말성경 전신

하늘에 계신 우리 아버지여,

이름이 거룩히 여김을 받으시며 나라가 임하시며

뜻이 하늘에서 이루어진 것처럼 땅에서도 이루어지소서.

우리에게 오늘 하루치 양식을 주시고

우리가 우리에게 죄지은 자를 용서한 것같이 우리 죄를 용서하소서.

우리가 시험에 들지 않게 인도하시고, 악에서 구하소서.

나라와 권세와 영광이 영원토록 아버지께 있습니다. 아멘.

새한글비전성경은 현대 한국어를 사용하여 번역했습니다. 두란노는 이 성경을 특별히 초신자와 청소년들을 염두에 두고 번역했습니다. 신세대의 감각에 맞추어 번역된 이 성경은 젊은 독자들이 성경을 더욱 친숙하게 느끼고 접근할 수 있도록 해주었습니다. 특히, 새한글비전성경은 통일을 대비하여 북한 성경에서 사용하고 있는 용어와 표현을 반영하려고 노력했습니다.

26. 2004년 우리말 성경, 하영조 편집 [두란노서원]

하늘에 계신 우리 아버지,
주의 이름을 거룩하게 하시며
주의 나라가 임하게 하시고
주의 뜻이 하늘에서와 같이 땅에서도 이루어지게 하소서.
오늘 우리에게 꼭 필요한 양식을 내려 주시고
우리가 우리에게 죄지은 자를 용서한 것같이 우리 죄도 용서해 주소서.
그리고 우리를 시험에 들지 않게 하시고 악에서 구하소서.
(나라와 권세와 영광이 영원토록 아버지께 있습니다. 아멘.)

2004년에 출판된 우리말 성경은 하영조 목사의 지도 아래 편집되었으며, 성경의 신학적 깊이를 전달하면서도 쉽게 이해할 수 있는 문체로 성경에 접근하기 쉽게 만들었습니다. 우리말 성경은 특히 교회 학교, 성경 공부 모임에서 널리 사용되고 있습니다.

27. 2005년 성경 [한국천주교중앙협의회]
　- 천주교 최초의 한글 완역 신구약 성경

하늘에 계신 저희 아버지

아버지의 이름을 거룩히 드러내시며

아버지의 나라가 오게 하시며

아버지의 뜻이 하늘에서와 같이 땅에서도 이루어지게 하소서

오늘 저희에게 일용할 양식을 주시고

저희에게 잘못한 이를 저희도 용서하였듯이 저희 잘못을 용서하시고

저희를 유혹에 빠지지 않게 하시고 저희를 악에서 구하소서.

2005년에 발행된 한국천주교중앙협의회의 성경은 한국천주교회의 첫 번째 한글 완역 신구약 성경으로, 천주교 전통과 신학적 정확성을 반영한 중요한 성경 번역본입니다. 이 번역본의 구약성경은 히브리어 마소라 본문과 칠십인역(LXX)을, 신약성경은 그리스어 원문을 기반으로 번역했습니다. 이 성경은 1988년부터 번역 작업이 시작되어 2002년에 낱권 번역이 완료되었으며, 추가적인 수정 작업을 거쳐 2005년에 최종 출판되었습니다. 번역 과정에서 히브리어와 그리스어 본문을 여러 차례 대조하는 등 철저한 검토가 이루어졌으며, 현대 한국어 어법에 맞추어 번역이 진행되었습니다.

28. 2009 메시지 신약, 유진 피터슨 원역, 김순현 윤종석 이종태 한글역 [복있는사람]

하늘에 계신 우리 아버지,
아버지가 어떤 분인지 드러내소서.
세상을 바로잡아 주시고
하늘에서처럼 땅에서도 가장 선한 것을 행하소서.
든든한 세끼 식사로 우리가 살아가게 하소서.
아버지께 용서받은 우리가 다른 사람들을 용서하게 하소서.
우리를 우리 자신에게서와, 마귀에게서 안전하게 지켜 주소서.
아버지께는 그럴 권한이 있습니다!
원하시면 무엇이든지 하실 수 있습니다!
영광으로 빛나시는 하나님!
예, 정말 그렇습니다.

2009년에 발행된 "메시지 신약"은 유진 피터슨이 원어 성경을 현대적이고 일상적인 언어로 재해석한 번역본입니다. 이 성경은 직역보다는 해석적 번역을 통해, 성경의 의미를 더 쉽게 이해할 수 있도록 하는 데 중점을 두었습니다. 유진 피터슨은 일상의 언어를 사용해 신앙의 본질을 전달하고, 독자들이 성경을 개인의 삶에 적용할 수 있게 했습니다.

29. 2012년 성서원 쉬운말 성경 [성서원] - 현대어성경 개정본

하늘에 계신 우리 아버지!
아버지의 이름이 거룩히 여김을 받게 하시고,
아버지의 나라가 임하게 하시며,
아버지의 뜻이 하늘에서 이루어진 것같이 땅에서도 이루어지게 하소서.
오늘 우리에게 꼭 필요한 날마다의 양식을 주시고,
우리가 우리에게 죄지은 자를 용서한 것처럼, 우리의 죄 또한 용서하소서.
우리를 유혹에 빠지지 않게 하시고, 모든 악에서 구원하소서.
나라와 권세와 영광이 영원토록 아버지의 것입니다. 아멘!

2012년에 출판된 성서원 쉬운말 성경은 이전의 현대어 성경을 개정한 번역본입니다. 이 성경은 헬라어 신약성경 Novum Testamentum Graece (노붐 테스타멘툼 그라이케, 그리스어 신약성경)과 세계성서공회연합회에서 발행한 The Greek New Testament(그리스어 신약성경)을 원전으로 사용하여 번역했습니다. 번역 과정에서 다양한 분야의 전문가들이 참여하여 신학적 정확성과 문학적 완성도를 높였습니다. 그중에는 목회자, 신학자, 시인, 아동문학가 등이 포함되어 있었습니다. 쉬운말 성경은 특히 성경을 처음 접하는 초신자나 어린이들이 쉽게 읽고 이해할 수 있도록 문체를 단순화하고, 친근한 언어를 사용하였습니다. 이 성경은 주일학교나 교회학교 등 교육 현장에서 교육용으로 널리 사용되고 있습니다.

30. 2015년 원문번역주석성경(신약), 고영민 [쿨란출판사]

하늘에 계신 우리 아버지여
이름이 거룩히 여김을 받으시오며
나라가 임하옵시며
뜻이 하늘에서 이루어진 것같이 땅에서도 이루어지이다.
오늘 우리에게 매일 필요한 양식을 주옵시고
우리가 우리에게 죄지은 자를 사하여 준 것같이 우리 죄를 사하여 주옵시고
우리를 시험에 들게 하지 마옵시고, 다만 악에서 구하옵소서
(이는 나라와 권능과 영광이 영원히 아버지의 것임이니이다. 아멘)

2015년에 출판된 원문번역주석성경 신약은 그리스어 신약성경 원문을 바탕으로 정확한 번역과 함께 주석을 제공한 성경입니다. 이 번역본은 성경 본문에 대한 신학적 해석과 역사적 배경, 문화적 맥락까지 포함한 주석을 제공해 성경을 보다 깊이 이해할 수 있게 하여, 연구자들에게도 유용한 자료로 활용되고 있습니다. 또한, 성경 해석에 있어서 일반 독자들에게도 이해하기 쉬운 설명과 현대적 접근을 시도한 점은 학문적 깊이와 실생활에서의 적용성을 동시에 고려한 번역이라고 평가되고 있습니다.

31. 2015년 성경전서(일명, 북한어성경), 김경신 김경수

[모퉁이돌선교회]

하늘에 계신 우리 아버지
당신의 이름이 거룩히 여김을 받으시고
당신의 나라가 림하시고
당신의 뜻이 하늘에서처럼 땅에서도 이루어지소서.
오늘 우리에게 하루의 량식을 주시고
우리가 우리에게 죄지은 사람들을 용서한 것같이 우리의 죄를 용서하소서.
또 우리를 유혹에 빠져들게 하지 마시고
다만 우리를 그 악한 자에게서 건지소서.

2015년에 출간된 성경전서, 일명 북한어성경은 남북한의 오랜 분단으로 인해 발생한 언어적 차이를 극복하고, 남북한이 통일 이후에도 하나의 성경을 통해 신앙적 연대감을 유지하기 위해 기획되었습니다. 북한어성경은 북한의 표준어인 문화어로 번역되었습니다. 이 번역본의 구약은 히브리어, 신약은 헬라어 원문을 따르는 것을 원칙으로 삼았습니다. 신학적 정확성을 높이고, 성경의 메시지를 왜곡 없이 성경 본래의 의미를 최대한 충실히 전달하고자 했습니다.

맺는말

주기도문,
영적 성숙을 위한 기도

주기도문은 하나님 나라의 비전을 제시합니다.
이 기도는 우리로 하여금 하나님의 나라가 이 땅에 임하기를 갈망하게 하고
하나님의 정의와 사랑이 실현되기를 소망하게 합니다..

The Lord's Prayer presents a vision of the Kingdom of God.
It makes us long for God's Kingdom to come on earth and for His justice
and love to be realized..

- N.T. 라이트(N.T. Wright) -

주 : N.T. 라이트(N.T. Wright, 1948~)는 영국의 신학자이자 성서학자로, 특히 신약성서 연구와 초
기 기독교 역사 분야에서 널리 알려져 있습니다. 라이트는 역사적 예수 연구, 바울 신학, 초기
기독교의 기원과 발전 등에 대한 방대한 저술로 유명합니다. 라이트는 주기도문이 하나님의
나라와 하나님의 정의를 구하는 마음을 강조한다고 보았습니다.

주기도문,
영적 성숙을 위한 기도

나를 자녀로 세우신 기도

주기도문에서 우리는 하나님을 아버지라고 부릅니다. 주기도문에 나타난 '아버지'는 여러 모습을 취하십니다. 자녀를 돌보시는 보호자로서의 아버지, 일용할 양식을 주시는 공급자로서의 아버지, 우리 죄를 사하여 주시는 용서자로서의 아버지, 악에서 우리를 구원하시는 구원자로서의 아버지로 묘사됩니다. 인간은 하나님 앞에서는, 한 없이 작은 피조물에 불과합니다. 그 작은 피조물이 하나님을 아버지라 부름으로써 하나님의 자녀가 되었습니다. 그러므로 주기도문은 나를 자녀로 세우신 기도가 됩니다.

우리의 삶을 하나님께 의탁하는 믿음의 기도

주기도문은 우리가 하나님께 모든 것을 전적으로 맡기고, 하나님이 우리의 인생을 이끌어 주시기를 바라는 기도입니다. 우리가 하나님께 모든 것을 맡기는 이유는 하나님은 전지전능한 분이시며, 하나님의 뜻은 항상 선하시고, 옳으시기 때문입니다. 우리는 제한된 존재로서 미래를 예측할 수 없고, 완벽한 선택을 내릴 수도 없습니다. 하지만 하나님은 우리의 창조주로서 우리의 인생을 가장 선한 길로 인도해 주시는 분입니다. 그러므로 주기도문은 우리의 삶을 하나님께 의탁하는 믿음의 기도가 됩니다.

하나님과 더 가까워지게 하는 기도 – 디트리히 본회퍼

디트리히 본회퍼는 주기도문이 우리를 하나님 앞에 서게 해준다고 말합니다. 하나님 앞에 선다는 것은 우리가 하나님과 직접 대화하는 기도를 통해 하나님을 더 깊이 알아가게 된다는 뜻입니다. 본회퍼는 주기도문이 삶의 어려움 속에서도 하나님의 뜻을 따르도록 도와준다고 했습니다. 특히, 주기도문을 통해 우리는 우리의 연약함을 깨닫고, 오직 하나님께 의지하는 법을 배우게 된다고 말합니다. 이로 미루어 볼 때, 주기도문은 하나님과 더 가까워지게 하는 기도가 됩니다.

영적인 성숙을 가르쳐 주는 기도 - 리차드 포스터

리차드 포스터는 주기도문을 영적인 성숙을 위한 기도라고 말합니다. 주기도문은 짧지만, 그 안에는 신앙생활의 모든 핵심 요소가 포함되어 있다고 말합니다. 주기도문을, 그 의미를 깊이 묵상하며 우리의 삶에 실제로 적용할 때, 우리는 더 깊은 신앙과 영적 성숙을 경험하게 된다고 말합니다.

포스터는 주기도문이 우리의 삶의 방향을 잡아주며, 하나님과 깊은 관계를 형성하는 도구라고 설명합니다. 먼저, "아버지의 뜻이 하늘에서 이루어진 것 같이 땅에서도 이루어지이다"라는 구절은 하나님의 뜻에 순종하는 삶을 요청하는 부분입니다. 이 기도를 통해 우리는 우리의 의지를 내려놓고, 하나님의 계획에 따라 살아가는 법을 배우게 되며, 이 과정에서 우리는 순종을 배우게 된다고 말합니다. 순종은 영적 성숙을 이루는 중요한 요소입니다.

또한, "우리가 우리에게 죄지은 자를 사하여 준 것 같이 우리 죄를 사하여 주옵시고"라는 구절에서처럼, 다른 사람을 용서하고 하나님께 용서를 구하는 과정에서 우리는 내면의 변화를 경험하게 됩니다. 용서와 화해는 우리의 영적 여정에서 매우 중요한 요소이며, 이러한 실천을 통해 우리는 점점 더 하나님의 성품을 닮아가게 됩니다.

그렇기 때문에 주기도문은 하나님과의 깊은 교제를 통해 우리의 삶을 변화시키고, 하나님의 뜻에 순종하는 삶을 살도록 이끌어 줍니다. 이러한 기도는 우리가 영적으로 성장하는 데 있어 필수적인 도구입니다. 그러므로 주기도문은 영적인 성숙을 가르쳐주는 기도가 됩니다.

영적 성숙으로 나아가는 기도 – 예수님의 가르침

예수님은 제자들이 영적으로 성숙해지기를 간절히 바라셨습니다. 영적으로 성숙해지기를 바라셨던 구절들은 성경 곳곳에 나타납니다.

요한복음 15:4-5절에서 예수님께서는 "내 안에 거하라 나도 너희 안에 거하리라"라고 말씀하셨습니다. 우리는 예수님과 연결되어 있어야 합니다. 그래야 영적 성숙을 이룰 수 있습니다. 그리스도와의 깊은 연합을 통해 우리는 더 많은 열매를 맺고, 하나님의 뜻에 순종할 수 있게 됩니다.

마태복음 5:48절에서 "그러므로 하늘에 계신 너희 아버지의 온전하심과 같이 너희도 온전하라"는 말씀을 하십니다. 예수님은 제자들에게 하나님의 온전하심을 본받아 영적으로 성숙하고 온전한 삶을 살도록 명하셨습니다.

마태복음 7:24-25절, 예수님은 산상수훈에서 "나의 말을 듣고 행하는 자는 반석 위에 집을 지은 지혜로운 사람과 같다"라고 말씀하셨습니다. 이 말씀은 순종을 통해 영적으로 성숙해질 수 있다는 것을 보여줍니다. 영적 성숙은 예수님의 말씀을 따르는 삶에서 비롯됩니다.

마태복음 13:23절, 예수님은 씨 뿌리는 비유에서 좋은 땅에 뿌려진 씨앗이 "말씀을 듣고 깨닫는 사람"을 상징한다고 말씀하십니다. 이 사람들은 30배, 60배, 100배의 열매를 맺는다고 하셨습니다. 즉, 예수님의 말씀을 깊이 묵상하고, 실천함으로써 영적으로 성숙한 열매를 맺게 됨을 보여줍니다.

에베소서 4:13절에서 바울 또한 "우리가 다 하나님의 아들을 믿는 것과 아는 일에 하나가 되어 온전한 사람을 이루어 그리스도의 장성한 분량이 충만한 데까지 이르리니", 그리스도의 성숙한 제자가 될 것을 강조했습니다. 이 말씀은 예수님께서 제자들에게 바랐던 영적 성숙과도 일치합니다.

마태복음 6:33절에서 예수님은 "먼저 그의 나라와 그의 의를 구하라"라고 말씀하시며, 하나님의 나라와 의를 추구하는 것이 우리의 궁극적 목표임을 가르치셨습니다. 하나님의 뜻에 맞추어 사는 삶이 곧 우리의 삶을 영적으로 성숙하게 만든다는 것을 의미합니다. 그러므로 주기도문은 영적 성숙으로 나아가는 길을 제시하는 기도가 됩니다.

앞서 예비해 주시는 기도

영적으로 성숙한 사람이란 그리스도의 성품을 닮은 사람을 뜻합니다. 성경과 주기도문에서 영적으로 성숙한 사람의 특징은 다음과 같다고 말합니다.

하나님의 뜻을 우선하는 사람 : 주기도문에서 "뜻이 하늘에서 이루어진 것 같이 땅에서도 이루어지이다"라는 구절은 하나님의 뜻에 순종하는 자세를 보여줍니다. 영적으로 성숙한 사람은 자신의 욕망을 내려놓고 하나님의 뜻을 따르는 사람입니다. 이 내용은 예수님께서 겟세마네 동산에서 기도하신 것과도 연결됩니다. "나의 원대로 마옵시고 아버지의 뜻대로 하옵소서(마태복음 26:39)"라고 기도하신 모습에서 영적으로 성숙한 모습이 드러납니다.

용서와 화해를 실천하는 사람 : 주기도문에서 "우리가 우리에게 죄지은 자를 사하여 준 것 같이 우리 죄를 사하여 주옵시고"라는 구절은 용서를 실천하는 성숙한 사람의 모습을 보여줍니다. 예수님께서는 "네 이웃을 네 몸과 같이 사랑하라(마태복음 22:39)"라고 명령하셨습니다. 즉, 영적으로 성숙한 사람은 용서와 화해의 삶을 살아가게 됨을 알 수 있습니다. 성경에서도 "서로 용납하며 피차 용서하라(골로새서 3:13)"라고 강조하고 있습니다.

시험과 유혹을 이겨내는 사람 : 주기도문에서 "우리를 시험에 들게 하지 마시옵고"라는 기도는 시험과 유혹 속에서도 하나님께 의지하는 자세를 요구합니다. 영적으로 성숙한 사람은 유혹에 흔들리지 않고, 기도와 순종으로 하나님께 의지하여 어려움을 이겨냅니다. 성경에서 예수님은 제자들에게 "시험에 들지 않게 깨어 기도하라(마태복음 26:41)"라고 가르치셨습니다. 영적인 성숙은 이러한 시험을 이겨내게 하고, 더욱 하나님께 나아가는 힘을 줍니다.

복음 전파의 사명을 감당하는 사람 : 영적으로 성숙한 사람은 복음 전파의 사명을 감당합니다. 마태복음 28:19-20에서 예수님은 제자들에게 "너희는 가서 모든 민족을 제자로 삼아"라고 명령하셨습니다. 이 명령은 모든 그리스도인이 감당해야 할 사명입니다. 주기도문에서 "나라가 임하시오며"라는 구절은 하나님의 나라가 이 땅에 임하기를 구하는 기도로, 영적으로 성숙한 사람은 이 사명을 이루기 위해 자신의 삶을 헌신하게 됩니다.

따라서 영적으로 성숙한 사람은 하나님의 뜻을 따르고, 성령의 열매를 맺으며, 시험을 이겨내고, 복음을 전파하는 삶을 살게 됩니다. 이러한 삶은 그리스도의 성품을 닮아가는 과정이며, 궁극적으로는 하나님의 계획을 이루는 도구가 되는 것입니다. 그러므로 주기도문은 앞서 예비해 주시는 기도가 됩니다.

하나님과의 관계를 회복하게 하는, 도구로써의 기도

결국 우리가 영적으로 성숙해진다는 것은 내게 주어진 사명을 이루는 것에 있습니다. 우리의 사명은 하나님 아버지를 떠났던 자녀들이 다시 아버지의 품으로 돌아가도록 돕는 데 있습니다. 인간은 타락 이후 깨어진 형상을 간직한 채 이 세상을 살아가게 되었지만, 예수님께서 가르쳐주신 주기도문은 그 깨어진 형상을 회복하는 구체적인 길을 제시해 주고 있습니다. 그러므로 주기도문을 통해서 우리는 하나님의 잃어버린 자녀들이 하나님 아버지께로 돌아갈 수 있도록 인도해 주어야 합니다. 그 방법은 주기도문에 제시되어 있습니다.

첫째, 하나님이 우리의 아버지 되심을 알게 해주어야 합니다. 주기도 문은 "하늘에 계신 우리 아버지"라는 고백으로 시작합니다. 이것은 우리가 아버지와 자녀의 관계로 서 있다는 것을 말해줍니다. 주기도문을 통해 우리는 태초의 관계로 다시 회복하도록 부름받았습니다.

둘째, 하나님의 뜻에 순종하는 길이 살길임을 알게 해주어야 합니다. "뜻이 하늘에서 이루어진 것 같이 땅에서도 이루어지이다"라는 구절은 우리가 하나님의 뜻에 순종함으로써 회복의 길을 갈 수 있음을 가르쳐 줍니다. 내 뜻이 아니라 하나님의 계획에 따라 살아가는 것을 의미합니다. 인간의 타락은 자신의 뜻을 우선으로 두는 데서 비롯되었지만, 주기도문은 하나님께 우리의 의지를 내려놓고 하나님의 뜻에 따르도록 이끌어 줍니다.

셋째, 용서와 화해를 실천하는 삶을 살도록 이끌어 주어야 합니다. "우리에게 죄지은 자를 사하여 준 것 같이 우리 죄를 사하여 주옵시고"는 우리가 하나님께 용서를 구하는 동시에, 다른 사람을 용서해야 함을 뜻합니다. 용서는 깨어진 인간관계를 회복하고, 다시 하나님의 형상을 회복하는 중요한 과정입니다. 용서는 관계의 회복을 통해 하나님과의 바른 관계를 되찾게 해줍니다.

넷째, 하나님께서 우리를 악으로부터 보호해 주시는 분임을 깨닫게 해주어야 합니다. "우리를 시험에 들게 하지 마시옵고, 다만 악에서 구하옵소서"라는 기도는 우리의 연약함을 고백하며, 하나님께서 우리를 악에서 구원해 주시기를 간구하는 부분입니다. 악의 유혹을 이기고 하나님과의 온전한 관계를 유지할 수 있는 힘은 오직 하나님께로부터 나옵니다.

그러므로 주기도문은 우리의 영적 여정에서 하나님과의 관계를 회복하게 하는, 도구가 되는 기도가 됩니다.

예수님이 주신 사랑의 기도

예수님께서 우리에게 주기도문을 가르쳐주신 이유는 하나님의 사랑을 온전히 전해주시기 위함이었습니다. 주기도문은 인간이 하나님과 바른 관계를 맺도록 이끄는 도구일 뿐만 아니라, 하나님의 사랑과 은혜를 직접적으로 체험하고 누릴 수 있도록 우리에게 놓아주신 통로이기도 합니다.

예수님은 우리의 삶이 죄로 인해 하나님과 멀어졌음을 아셨고, 하나님과의 관계를 회복하는 길이 무엇보다 중요하다는 걸 아셨습니다. 그래서 우리에게 하나님의 사랑을 회복하는 기도를 가르쳐주셨습니다. 예수님은 기도를 통해서 하나님을 "하늘에 계신 우리 아버지"라 부르게 하시고, 하나님께서 우리의 아버지로서 우리를 사랑하시고 보호해 주신다는 진리를 알게 하셨습니다.

예수님께서 목숨을 바쳐 십자가에서 돌아가신 이유는, 우리의 죄를 사하시고 그 사랑으로 우리를 하나님께 인도하기 위함이었습니다. 이 사랑은 그 어떤 것으로도 끊을 수 없는 사랑이며, 예수님께서 보여주신 희생은 바로 우리를 위한 것이었습니다. 주기도문은 그 사랑의 절정을 담고 있습니다. 우리는 주기도문을 통해 매일 우리의 부족함을 인정하고, 그리스도의 사랑으로 나아가며, 하나님의 뜻을 따르려는 마음을 새롭게 합니다.

결국, 주기도문은 하나님이 우리를 얼마나 깊이 사랑하시는지를 알게 하시고자 예수님께서 가르쳐주신 기도입니다. 예수님의 기도는 우리를 회복시켜 주셨고, 다른 이들에게도 그 사랑을 전하도록 부르십니다. 이제는 우리가 하나님의 사랑에 답할 차례입니다. 그러나 우리는 또다시 힘 없는 피조물이 됩니다. 이럴 땐, 주기도문을 의지하면 됩니다. 주기도문은 우리를 새롭게 합니다. 주기도문은 우리에게 힘이 되고 지혜가 되어 줍니다. 주기도문은 예수님의 사랑이기 때문입니다.

■ 저자 소개(About the Author)

이호찬 (L. Storyliner)은 20년 이상의 교직 경력을 가진 작가로, 다양한 주제에 관한 책을 저술해 왔습니다. 특히, 철학과 논리학, 종교학 등 심오한 통찰력을 보여주는 글로 독자들의 사랑을 받고 있습니다.

■ 감사의 글(Acknowledgements)

이 책이 출판될 수 있도록 도움을 준 사랑하는 나의 아내에게 깊은 감사를 드립니다.

헬라어 주기도문

초판 발행 2024년 10월 17일

지은이 이호찬
펴낸이 방성열
펴낸곳 다산글방

출판등록 제313-2003-00328호
주소 서울특별시 마포구 동교로 36
전화 02-338-3630
팩스 02-338-3690
이메일 dasanpublish@daum.net
　　　 iebookblog@naver.com
홈페이지 www.iebook.co.kr

ⓒ 이호찬, 2024, Printed in Korea

ISBN 979-11-6078-318-6 03230

* 이 책은 저작권법에 의해 보호받는 저작물이며, 저자와 출판사의 서면 허락 없이 내용의 전부 또는 일부를 인용하거나 발췌하는 것을 금합니다.
* 제본, 인쇄가 잘못되거나 파손된 책은 구입하신 곳에서 교환해 드립니다.
* 책값은 뒤표지에 있습니다.